Diogenes Taschenbuch 24484

Wow

Hundestories zum Staunen

Ausgewählt von
Christine Stemmermann

Diogenes

Mitarbeit: Inès Conti
Nachweis am Schluss des Bandes
Covermotiv:

Originalausgabe

www.diogenes.ch
100/19/44/1
ISBN 978 3 257 24484 7

Inhalt

YAEL HEDAYA

Liebe pur

Eine Woche lang streifte er umher und schlief unter Büschen und parkenden Autos. Hie und da wurden kleine Kinder auf ihn aufmerksam und versuchten, ihre Eltern zu ihm hinzuzerren, doch die Eltern hielten sie fest an der Hand und zogen sie weiter. Einmal kam er an einem Restaurant vorbei, und jemand warf ihm ein Hühnerbein hin. Er nagte das Beinchen ab und blieb unter dem freigebigen Tisch auf dem Gehsteig sitzen, doch dann kam eine riesige Frau heraus und versetzte ihm einen Tritt. Im Laufe dieser einen Woche lernte er, mit allen möglichen Tritten zu leben: heftige Tritte von Restaurant- und Cafébesitzern und von Verkäufern, in deren Geschäften er nach Schatten und Streicheleinheiten gesucht hatte, mittelgrobe Tritte von Leuten, mit denen er sich hatte anfreunden wollen, und sanftere Stöße von Füßen, zwischen die er auf den lauten Straßen geraten war, so leicht und beiläufig, daß sie ihm manchmal wie ein Streicheln vorgekommen waren.

Eine der Wagentüren öffnete sich, die Frau stieg aus, schlug die Tür zu und lehnte sich durch das offene Fenster wieder hinein, und der Mann gab ihr einen Kuß. Dann kehrte sie dem Wagen den Rücken und blieb kurz stehen, um ihren Schlüssel aus der Tasche zu kramen. Er vernahm Geflüster und Lachen und schlug ein Auge auf. Die Frau beugte sich, das eine Bein an die Tür gelehnt, das andere in die Luft geschwungen, abermals ins Wageninnere, und der Mann küßte sie und versuchte, sie zu sich hineinzuziehen. Irgendwann richtete sie sich auf, die andere Tür öffnete sich, und der Mann stieg aus, schlug die Tür zu und ging hinüber zum Gehsteig.

Nun lehnte der Mann mit dem Rücken an der Tür, aus der die Frau ausgestiegen war. Die Frau stand vor ihm und spielte mit ihren Schlüsseln, die jedesmal klimperten, wenn sie sie hochwarf und mit einer Hand wieder auffing. Der Mann beugte sich zu ihr vor und flüsterte ihr etwas ins Ohr. Die Frau wich ihm aus, schüttelte den Kopf und fuhr fort, die Schlüssel in ihrer Hand springen zu lassen. Der Hund öffnete das andere Auge und stellte das eine Ohr auf.

Der Mann fragte: »Aber wieso denn nicht?«, und die Frau lächelte, ohne zu antworten, und fuhr fort, mit den Schlüsseln zu klimpern. Der Welpe kroch unter dem Busch hervor und wedelte mit dem Schwanz.

Zuerst bemerkten sie ihn nicht. Sie umarmten und küßten sich, und der Schlüsselbund war zwischen ihnen eingeklemmt, so daß der Hund nur noch Geschmatze und Geflüster hörte und noch einmal: »Wieso denn nicht? Nur auf einen Kaffee.« Und dann klimperten abermals die Schlüssel, und der Welpe lief, den Schwanz zwischen die Beine geklemmt und den Kopf gesenkt und zur Seite geneigt, auf den Mann und die Frau zu.

Als die Frau ihn entdeckte, bückte sie sich zu ihm hinab und legte den Schlüsselbund auf den Gehsteig, und der Mann meinte: »Schau dir diesen armen Welpen an.«

»Er ist so mager!« rief die Frau aus und kraulte dem Welpen den Nacken.

»Das ist ein ganz Lieber«, meinte der Mann.

»Schrecklich, das arme Tier«, fand die Frau.

»Schau, wie er sich freut«, sagte der Mann und ging in die Hocke. Mit der einen Hand streichelte er den Bauch des Welpen und mit der anderen den Nacken der Frau. Dann küßten sie sich erneut, kraulten und kitzelten jedoch zugleich den Bauch des Welpen, der sich sofort hingab.

»Was sollen wir nur mit ihm machen?« fragte die Frau und legte ihre Hand auf die Schulter des Mannes.

»Laß uns zu dir hochgehen«, erwiderte der Mann.

»Aber was wird aus ihm?« hakte die Frau nach und betrachtete den Welpen, der jetzt auf dem Bauch lag. Sein Kopf ruhte auf den Pfoten, und sein Schwanz schlug auf das Pflaster.

»Sieht mir nicht danach aus, als würde er jemandem gehören. Möchtest du einen Hund haben?«

»Ich weiß nicht. Möchtest du einen?«

»Ich kann nicht«, erklärte der Mann. »Ich bin fast nie zu Hause.«

»Wollen würde ich schon, aber ich weiß nicht, ob ich so eine Verpflichtung jetzt gebrauchen kann«, sagte die Frau.

»Ich brauche jetzt bestimmt keine Verpflichtung«, meinte der Mann und legte der Frau, die sich auf dem Pflaster niedergelassen hatte, seine Hände auf den Oberschenkel.

»Laß das«, sagte sie. »Gleich holen die Nachbarn noch die Polizei.«

»Gehen wir jetzt zu dir rauf?« erkundigte sich der Mann.

»Ja«, antwortete die Frau und stand auf, »aber nur auf einen Kaffee.«

»Und was ist mit ihm?« fragte der Mann und sah den Hund an.

»Wir geben ihm etwas zu fressen, und wenn du nach Hause gehst, bringst du ihn wieder runter«, sagte die Frau.

»In Ordnung«, meinte der Mann und gab ihr noch einen Kuß, diesmal zärtlich auf die Wange. »Nach dem Kaffee bringe ich ihn runter.«

Doch der Mann und der Hund blieben zum Schlafen da.

Jeder schlief an seinem Platz. Der Hund auf dem kleinen Teppich am Fußende des Betts und der Mann neben der Frau im Bett. Der Mann und die Frau gingen nicht sofort schlafen. Erst kümmerten sie sich um den Hund. Sie packten fast alles, was im Kühlschrank war, auf einen Plastikteller, den die Frau unter einem der Blumentöpfe auf dem Balkon herausgezogen hatte. Die Mahlzeit des Hundes bestand aus einem ganzen Becher Hüttenkäse, ein paar Scheiben Käse, mehreren Scheiben Truthahnwurst und einem Mokkajoghurt. Sie waren in Geberlaune. Die Frau stellte den vollen Teller auf die Arbeitsplatte und wollte von dem Mann wissen, ob er der Meinung sei, daß das ausreiche, und der Mann umarmte sie von hinten und preßte seine Lippen an ihren Hals.

Der Hund saß auf dem Küchenboden neben dem Kühlschrank. Er begriff instinktiv, daß sein Glück heute nacht von dort kommen würde, und vielleicht ja nicht nur heute nacht, vielleicht ja sogar immer. Der Mann schubste ihn mit dem Fuß beiseite, öffnete die Kühlschranktür, warf einen Blick ins Innere und holte drei Eier heraus. Er schlug sie mit einer Hand in den Teller auf und warf die Schalen in den Kleinmüllbehälter bei der Spüle. Die Frau nahm den Teller und drehte sich zu dem Mann um, und sie küßten sich wieder. Der Welpe hüpfte erwartungsvoll an ihnen hoch.

Endlich erinnerte sich die Frau seiner wieder und meinte lachend: »Du armes Würstchen, hab ich dich hungern lassen.« Sie löste sich aus der Umarmung, bückte sich und stellte den Teller auf den Fußboden. Der Hund stürzte sich sogleich auf sein Fressen. Der Mann drückte die Frau sanft gegen den Kühlschrank und hob den Saum ihres Kleides hoch. Der Hund fraß und hörte auch während des Fressens nicht auf zu wimmern. Sein ganzer Körper bebte vor Erregung. Er fraß schnell, ohne etwas zu schmecken, doch als er die Hälfte des Tellers geschafft hatte und feststellte, daß am Tellerboden noch immer Futter war, drosselte er sein Tempo und gab sich mit geschlossenen Augen den vermischten Geschmacksrichtungen von Eier, Käse, Wurst und Mokka hin. Er verputzte alles und leckte dann den Tellerboden und den Rand restlos sauber. Anschließend drehte er den Teller um, zerrte ihn mit der Pfote über den Fußboden, schob seine Nase unter den Rand und drehte ihn noch einmal um, um mit der Zunge über den Tellerboden zu fahren. Als er entdeckte, daß der Teller ihm nichts mehr zu bieten hatte, verspürte er Zufriedenheit und Bange zugleich und lief ins Schlafzimmer.

Der Mann und die Frau rollten nackt im Bett herum. Ihre Kleidungsstücke fand der Hund wie Wegweiser in der Küche und im Flur verstreut, bis hin zum Schlafzimmer, das dunkel war und voller Gestöhne. Jetzt, wo er satt war, wollte er spielen, und er begann um das Bett herumzutollen. Er hörte den Mann und die Frau kichern und flüstern, und als er den nackten Fuß des Mannes unter dem Leintuch hervorspitzen sah, stellte er sich auf die Hinterbeine und schnupperte an der Ferse, die warm und rauh war. Der Mann versetzte ihm einen Tritt, und der Hund wurde nach hinten weggestoßen, fiel auf den Rücken und rollte über den Fußboden. Er kam wieder auf die Beine und wedelte mit dem Schwanz. Er wußte genau, daß es sich diesmal um einen gutgemeinten Tritt handelte.

Jetzt, mit vollem Magen, empfand er eine seltsame Mischung aus Glücksgefühl und Unruhe. Das Glücksgefühl hatte er noch vage, von allem abgetrennt, als Viereck aus Karton in Erinnerung. Die Unruhe hingegen war noch frisch und schmerzhaft und bestand aus vielen Details: Blätter, glühend heißer Asphalt, Durst, Tausende tretender Füße und ein Hühnerbeinchen, von dem er nicht wußte, ob es dem Glücksgefühl oder der Unruhe zuzuordnen war. Er umkreiste das Bett, stellte sich abermals auf die Hinterbeine und legte seinen Kopf auf die Matratze. Er versuchte es abwechselnd auf der Seite des Mannes und auf der Seite der Frau, doch weder der Mann noch die Frau war jetzt für irgendwelche Spiele zu haben.

Er lief in die Küche und beschnupperte seinen Teller, fuhr abermals mit der Zunge darüber, drehte ihn um, versetzte ihm einen Schubs und zerrte ihn über den Fußboden, bis er es satt hatte. Dann lief er zurück ins Schlafzimmer. Auf dem Weg dorthin schnappte er sich eine Socke, die genauso roch wie die warme und rauhe Ferse. Er schüttelte die Socke in der Luft und brummte, doch weder der Mann noch die Frau, noch die Socke signalisierte Bereitschaft mitzuspielen. An der Tür sitzend, beobachtete er das Bett, das sich in der Dunkelheit bewegte. Er hatte Sehnsucht nach dem Mann und der Frau.

Er probierte einen seiner Kläfflaute, deren Klang er selbst noch ungewohnt fand und von denen er nicht genau wußte, was sie bedeuteten. Als keine Reaktion kam, lief er mit der herausbaumelnden Socke im Maul ins Wohnzimmer und kroch unter das Sofa. Er war schon fast eingeschlafen, da hörte er im Badezimmer das Wasser plätschern. Hoffnungsvoll trabte er hin und sah, wie die Frau gebückt und mit dem Rücken zu ihm in der Wanne stand. Sie drehte sich zu ihm um, schmunzelte, richtete den Duschkopf auf ihn und spritzte ihn naß. Er schreckte zurück und mußte niesen, und als die Frau aus der Badewanne stieg, lief er wieder ins Wohnzimmer und bedeutete ihr mit dem Kopf, ihm zu folgen. Er kroch unter das Sofa und wartete, aber die Frau kam nicht.

In der Wohnung war es jetzt still. Der Hund ging in die Küche, wo das Neonlicht brannte, und betrachtete von ferne seinen Teller, der umgedreht an der Balkontür lag. Es gelang ihm nicht, sich in Erinnerung zu rufen, was darauf gewesen war, das ihn beinahe um den Verstand gebracht hatte. Er beschnupperte ihn noch einmal und suchte dann wieder das Schlafzimmer auf. Der Mann lag auf dem Bauch und die Frau auf der Seite. Der Arm des Mannes war um die Taille der Frau gelegt, und das Bein der Frau lag schräg über den Beinen des Mannes. Der Welpe rollte sich auf dem kleinen Teppich am Fußende des Betts zusammen, schloß die Augen und gab einen Stoßseufzer von sich, der sowohl Groll als auch Sich-Abfinden ausdrückte. Er richtete ein Ohr auf, um auf dem Posten zu sein und den Mann und die Frau vor allen erdenklichen Feinden zu beschützen, und verfiel dann in einen langen und guten Schlaf.

Am Morgen erwachte der Mann und ging zur Toilette. Er pinkelte unter Gähnen und erschrak kurz, als er eine feuchte Zunge und spitze Zähne spürte, die seinen Knöchel bearbeiteten. Der Hund fiel ihm wieder ein, und das, was in der Nacht gewesen war, und er schmunzelte, betätigte die Spülung und bückte sich, um dem Welpen den Kopf zu streicheln. Dann ging er in die Küche und hob sein Hemd vom Fußboden auf, den Gürtel und die Schuhe sammelte er im Flur ein, und als er ins Schlafzimmer zurückkehrte, fand er dort seine Jeans, die mitsamt der Unterhose darin in Hockstellung auf ihn wartete. Er legte seine Kleidungsstücke gesammelt auf seine Seite des Betts und begann sich leise anzukleiden, bemüht, die Frau nicht zu wecken. Doch der Hund kläffte – diesmal klang es schon fast wie richtiges Gebell –, und die Frau wurde wach.

Der Mann entschuldigte sich, der Hund jedoch war außer sich vor Freude. Jetzt waren beide wach, und das verdoppelte seine Chance, Zuwendung zu bekommen. Er tollte bellend um das Bett und lief dann ins Badezimmer und pinkelte auf den Fußboden. Sich ein wenig schuldig fühlend, ohne zu wissen, weshalb, kehrte er ins Schlafzimmer zurück. Der Mann saß am Bettrand und hielt nach seiner einen Socke Ausschau. Die Frau kroch auf Ellenbogen und Knien über das Bett, schlang ihre Arme um seinen Hals: »Gehst du schon?«

»Ich komme zu spät zur Arbeit«, erwiderte der Mann, »und ich finde meine Socke nicht.«

»Soll ich dir suchen helfen?« fragte die Frau und rieb ihre Nasenspitze an seinem Ohr.

»Nein«, sagte der Mann. Er warf einen Blick auf den Hund und fragte: »Was ist jetzt? Soll ich ihn mitnehmen? Soll ich ihn irgendwo laufenlassen?«

Die Frau nickte. »Kommst du heute abend vorbei?«

Der Mann hob mit einer Hand den Hund hoch, schwenkte ihn vor ihr hin und her und fragte, ob sie sich von ihm verabschieden wolle.

»Nein«, sagte die Frau.

»Nicht mal einen Kuß?« hakte der Mann nach.

»Nein. Ich will nachher nicht an ihm hängen. Kommst du heute abend?«

Der Mann setzte sich auf die Bettkante, drückte den Hund an seine Brust und meinte: »Eigentlich er ist doch recht niedlich, nicht?«

Die Frau gab keine Antwort. Sie beobachtete, wie der Mann dem Hund liebevolle Worte sagte und der Hund sich in seinen Armen aalte, und plötzlich fühlte sie sich gedemütigt, denn genau so hatte der Mann in der Nacht mit ihr gesprochen und genau so hatte sie sich in seinen Armen geaalt. Sie hoffte, daß der Mann um den Hund kämpfen würde, daß er Erbarmen mit ihm hätte und ihm eine kleine Ecke in seinem Leben einräumen würde, doch sie wußte, daß er ihn gleich ohne mit der Wimper zu zucken aussetzen würde.

»Dann kommst du also heute abend?« fragte sie und legte ihre Hand auf seinen Oberschenkel. Der Mann warf den Hund in die Luft und fing ihn wieder auf, warf ihn abermals hoch und fing ihn noch einmal auf.

»Paß auf!« mahnte sie. »Ich habe dich etwas gefragt.«

Der Mann setzte den Hund auf seinen Schoß, betastete eine seiner Vorderpfoten und fragte: »Meinst du, der wird groß?«

Sie legte sich bäuchlings neben den Mann, streckte eine Hand aus und berührte mit den Fingerspitzen die feuchte Schnauze des Hundes.

»Ich finde meine eine Socke nicht«, erklärte der Mann.

»Ich gebe dir ein Paar von mir«, sagte die Frau und wollte aus dem Bett steigen und zum Schrank gehen, aber der Mann legte ihr eine Hand auf die Schulter, als wollte er sagen: »Laß mal.«

»Bist du sicher?«

»Ganz sicher«, antwortete der Mann.

»Also, was ist – meldest du dich wieder?« erkundigte sich die Frau.

Der Mann stand auf und sagte: »Mal sehen. Ich weiß es nicht.«

Er schob seinen nackten Fuß in den Schuh und band den Schnürsenkel zu.

»Soll ich einfach hinter mir zumachen?« fragte er, doch die Frau zog sich das Leintuch über den Kopf und antwortete nicht.

»Ich mach dann einfach zu«, sagte der Mann, verließ das Zimmer und ging, den glücklichen Hund unterm Arm, zur Tür.

Von dort aus rief er: »Ich geh dann!«, und die Frau sprang mit zerzaustem Haar, verquollenem Gesicht und vor Tränen glitzernden Augen aus dem Bett, rannte ihm, das Leintuch fest um den Körper geschlungen, hinterher und sagte: »Laß ihn hier!«

»Was?« fragte der Mann.

»Du sollst ihn hierlassen«, sagte sie.

»Bist du sicher?« fragte der Mann.

»Ja, bin ich«, gab die Frau zurück. »Ich will ihn haben.«

Der Mann zuckte mit den Schultern, streckte der Frau den Hund hin und gab ihr einen Kuß auf die Wange. Dann streichelte er kurz den Hund und ging.

Der Hund wußte, daß er bis gestern ein Straßenköter und seit heute ein Haushund war. Das hatte seinen Preis, und er war gerne bereit, ihn zu zahlen. Den ganzen Tag war die Frau hinter ihm her und hob ihn hoch, drückte ihn an ihre Brust, vergrub ihr Gesicht an seinem Hals und benetzte sein Fell mit Tränen. Wenn er protestierend winselte, setzte sie ihn wieder auf den Fußboden, warf sich, irgend etwas vor sich hin brummelnd, auf das Sofa im Wohnzimmer und blätterte in der Zeitung herum, glotzte auf die Mattscheibe oder versuchte, irgend jemanden anzurufen, und der Hund erlangte einige wertvolle Minuten Freiheit, die er für Erkundungen nutzte.

Einmal, als die Frau in ein Telefongespräch vertieft war, gelang es ihm, das Bett zu erklimmen. Vorsichtig tapste er über die Leintücher und die Kissen, die mit jedem Schritt eine Wolke bekannter Gerüche verbreiteten: den Geruch der Frau und den Geruch des Mannes, und als er seine

Schnauze in den Spalt zwischen den beiden Kissen steckte und auch die Geruchslinie untersuchte, die das Bett der Länge nach durchlief, brach ein scharfer und unbekannter Geruch über ihn herein: der Geruch von beiden zusammen. Erregt lief er zurück ins Wohnzimmer, und die Frau sprang vom Sofa, hob ihn abermals schwungvoll hoch und erwürgte ihn wieder beinahe mit ihrer Umarmung. Als er sich wand und winselte, ließ sie ihn wieder auf den Fußboden hinab und legte sich zurück auf das Sofa. Er setzte sich auf den Teppich und schaute sie an. Er mochte sie gut leiden, hatte aber auch Angst vor ihr.

Gegen Abend wurde die Frau ruhiger. Während sie telefonierte, lag der Hund zu ihren Füßen und kaute mit geschlossenen Augen auf dem Ende einer ihrer Gummilatschen herum.

»So ein Mistkerl!« schrie die Frau aufgebracht in den Hörer und fing von neuem an zu schluchzen, und der Hund fürchtete, daß nun alles von vorne anfinge, die Umarmungen, die Küsse, die Tränen, die Würgerei. Er hob seinen Kopf, um nach ihr zu sehen, und sah nur nervöse Knie und ihre Finger, die eine brennende Zigarette hielten.

»Hörst du?« sagte die Frau. »Ich habe Scheiße gebaut. Scheiße! Keine Ahnung, was gestern nacht mit mir los war. Wir haben geschmust und so, und er ist mit zu mir hoch gekommen, und schwups! war's passiert. Es ist einfach passiert.

– Ja. Es war nett. Mehr als nett. Es war großartig.

– Am Vormittag. Am Vormittag ist er gegangen.

– Hab ich doch versucht! Seit Stunden versuche ich es schon, aber du bist ja nie da. Wo warst du?

– Keine Ahnung. Ungefähr um zehn, gleich nachdem er weg war. Er wollte glatt gehen, ohne sich zu verabschieden. Verstehst du? Das sagt doch wohl schon alles über ihn.

– Weil ich es eben weiß. Ich habe gehört, wie er sich leise anzieht. Wahrscheinlich hat er gedacht, ich würde nicht aufwachen.

– Vielleicht. Aber selbst wenn er einen Zettel hinterlassen hätte – das ist doch keine Art.

– Ich bin aufgewacht.

– Nichts. Nicht einmal Kaffee haben wir getrunken. Er hat gesagt, er muß zur Arbeit.

– Weiß ich nicht mehr. Er hat's mir gestern abend gesagt. Irgendwas mit Filmproduktionen.

– Nein. Ich weiß es nicht mehr genau. Er hat's mir gesagt, aber ich hab's vergessen.

– Das war's schon. Und ich habe ihn noch gefragt, ob er sich wieder meldet.

– Ja, ich habe gefragt.

– Ich, ich.

– Weiß ich doch.

– Genau. Du hast ja recht. Ich weiß, daß ich einen Fehler gemacht habe. Es hat sich ja bestätigt, er hat gesagt: ›Ich weiß es nicht.‹

– Aber ich habe diese Spielchen satt! Gründlich satt!

– Ja. Er hat gesagt: ›Mal sehen. Ich weiß es nicht.‹

– Ja. Genau so hat er es gesagt: ›Mal sehen.‹

– Ja. Absolut sicher.

– Keine Ahnung, was das heißen soll. Wahrscheinlich bedeutet es ›nein‹.«

Abermals brach die Frau in Tränen aus, und der Hund

ließ von dem Latschen ab und machte sich daran, ihr den Knöchel zu lecken. Die Frau bückte sich und hob ihn hoch, doch diesmal würgte sie ihn nicht, sondern setzte ihn behutsam auf ihren Schoß und schickte sich an, das Fell an seinem Hals zu streicheln und sagte: »Ich habe ganz vergessen, dir zu erzählen: Ich habe einen Hund.

– Nichts Besonderes.

– Ein Straßenköter.

– Keine Ahnung, was für einer. Nicht gerade der Schönste. Ein Welpe.

– Vielleicht zwei Monate. Ganz klein.

– Wir haben ihn gestern abend gefunden. Als er mich nach Hause gebracht hat. Er hat genau vor meinem Haus gesessen.

– Aber ich konnte ihn nicht draußen lassen. Er war völlig ausgehungert. Seinetwegen ist er überhaupt mit zu mir gekommen – angeblich, um den Hund zu füttern. Das war der Vorwand. Verstehst du? Er sagte, danach würde er ihn wegbringen.

– Nein. Ich habe ihn nicht gelassen.

– Wieso? Keine Ahnung. Er hat mir leid getan. Vielleicht ruft er ja an, um sich nach dem Hund zu erkundigen.

– Ich weiß nicht, was ich mit ihm mache. Ich kann ihn jetzt nicht vor die Tür setzen. Ich warte jetzt erst mal so ein, zwei Tage. Mal sehen, was passiert. Mal sehen, ob er sich überhaupt noch mal bei mir meldet. Möchtest du vielleicht einen Hund?«

Nachdem sie eingehängt hatte, trocknete die Frau ihre Tränen und ging ins Badezimmer. Der Hund hörte, wie sie kreischte und dann ins Wohnzimmer gerannt kam. Sie wedelte mit dem Zeigefinger vor seiner Nase. Er ließ den Latschen fallen und senkte den Blick. Er wußte, daß er etwas Schlimmes angestellt hatte, aber was, wußte er nicht. Die Frau brach erneut in Tränen aus, es war jedoch nicht das gleiche Geheule wie am Morgen und am Nachmittag, sondern ein Weinen, aus dem bereits die ganze Luft entwichen war.

»So ein Mistkerl!« schrie sie. »Wozu habe ich das jetzt gebraucht?«

Sie rannte in die Küche, holte den Schrubber und einen Scheuerlappen und lief zurück ins Badezimmer. Er folgte ihr und beobachtete, wie sie weinend den Boden aufwischte. Sie wandte den Kopf nach ihm um – genau wie in der Nacht, als sie ihn dabei ertappt hatte, wie er sie beobachtete –, und er spürte, wie Freude in ihm aufkam, doch dann schleuderte die Frau den nassen Lappen nach ihm. Er erschrak und rannte davon, um unter dem Sofa Zuflucht zu suchen. Die Frau verfolgte ihn bis ins Wohnzimmer, aber er war schneller, und sie verfehlte ihn. Statt dessen versetzte sie dem Sofa einen Tritt und verstauchte sich den großen Zeh. Nun weinte sie in einer neuen Tonart, die ihm einen größeren Schrecken einjagte als jedes Weinen, das er bislang von ihr vernommen hatte. Heulend hüpfte sie, sich den Fuß haltend, durchs Zimmer. Dann verstummte sie urplötzlich. Er sah, wie sie niederkniete und ihre Hand unmittelbar neben ihn faßte – beinahe hätte sie ihn berührt – und die Socke hervorzog, die nun voller Löcher und Staubflocken war. Er muckte nicht und versuchte auch nicht, sich seine Socke zurückzuholen. Irgend etwas in ihm wollte sich mit der Frau aussöhnen, und irgend etwas in ihm wollte zurück auf die Straße, doch er tat in keiner Richtung einen Schritt, denn er wußte, daß die Frau jetzt gefährlich war, gerade weil sie nun so still war und nicht nach ihm trat und nicht mehr weinte, sondern nur noch, die weiße Socke in der geballten Faust, im Zimmer auf und ab ging und zischelte: »Alles deinetwegen!«

Am Abend erschien der Mann mit einer großen Tüte in den Armen. Die Frau öffnete ihm die Tür und setzte sich, ohne ein Wort zu sagen, wieder vor den Fernseher auf das Sofa. Der Hund freute sich, den Mann zu sehen, und der Mann freute sich, wenigstens einen anzutreffen, der sich freute, ihn zu sehen. Was beiden verborgen blieb, war, daß auch die Frau sich freute.

Der Mann blieb im Eingang stehen und sagte: »Ich habe Sachen für den Hund gekauft.«

Die Frau reagierte nicht und stellte den Fernseher lauter.

Der Mann kam ins Wohnzimmer und machte sich daran, die Sachen, die er gekauft hatte, auf den Tisch zu packen: eine braune Lederleine, ein Halsband, einen tiefen Plastiknapf, eine große Tüte Trockenfutter für Welpen, auf der ein farbiges Foto von einem langhaarigen und pummeligen hellbraunen Welpen prangte, welches keinerlei Ähnlichkeit mit dem ungezogenen, undankbaren Geschöpf besaß, das bei ihr zu Hause Chaos angerichtet hatte, und dazu noch einen Gummiknochen, den der Hund ihm sogleich aus der Hand schnappte, um damit zwischen Wohn- und Schlafzimmer hin- und herzutollen. Die Frau betrachtete ihn und dachte: Sieh einer an. Der fühlt sich hier ja ganz wie zu Hause.

Der Mann setzte sich neben die Frau auf das Sofa und legte ihr die Hand auf den Oberschenkel. Ihr fiel ein, daß sie am Morgen dasselbe getan hatte, als sie etwas von ihm wollte; es war wohl eine universelle Geste der Not. Sie rückte ein Stück von ihm weg und dachte, unverdrossen auf die Mattscheibe stierend: Mit welchem Recht ist er überhaupt hergekommen? Der Mann erkundigte sich, was sie sich ansehe. Sie gab keine Antwort. Er erkundigte sich, ob das, was sie da sehe, gut sei. Sie schwieg. Er wollte wissen, was denn los sei. Sie sagte immer noch nichts. Er fragte, ob sie sauer sei, sie zuckte mit den Schultern. Dann zog sie eine Zigarette aus dem Päckchen, das zwischen dem Halsband und der Leine und dem großen Napf auf dem Tisch lag.

»Ich habe Sachen für deinen Hund gekauft«, erklärte der Mann und starrte nun ebenfalls auf die Mattscheibe.

Die Frau stieß Rauch aus und sagte: »Er ist nicht mein Hund.«

Der Mann war froh, daß sie mit ihm redete. Er lehnte sich vor, zog eine Zigarette aus ihrem Päckchen, zündete sie an und beförderte das Zündholz in Angebermanier in den Aschenbecher. Sie dachte: Was fällt dem überhaupt ein, sich einfach eine Zigarette von mir zu nehmen? Der Mann fing an, ihr zu erzählen, was er heute bei der Arbeit getan hatte, und schnippte dabei mit der Zigarette auf den Rand des Aschenbechers, er beschrieb ihr den Regisseur, mit dem er arbeitete – »egoistisch, aber genial« –, und die Frau dachte: Was für ein Schleimer.

Der Mann legte ihr abermals die Hand auf den Oberschenkel. Die Frau zerdrückte ihre Zigarette im Aschenbecher, nahm das Halsband in die Hand und fragte: »Was fällt dir überhaupt ein, einfach herzukommen?«

Der Hund spielte mit seinem Gummiknochen und war gänzlich in sein Glück vertieft. Die Frau empfand Mitleid für ihn; es war ja so leicht, ihn glücklich zu machen, und noch leichter, ihm dieses Gefühl wieder zu rauben. Urplötzlich verspürte sie einen Drang, ihn unglücklich zu machen, hielt sich jedoch zurück. Der Mann schwieg. Er wußte, daß er etwas falsch gemacht hatte, er wußte nur nicht, was.

»Wieso bildest du dir ein, du könntest einfach vorbeikommen, ohne vorher Bescheid zu sagen?« fragte die Frau und öffnete und schloß die Schnalle des Halsbands.

»Ich dachte, du wolltest, daß ich komme«, entgegnete der Mann.

»Wer hat das gesagt?« fragte die Frau.

»So hatte ich dich verstanden«, meinte der Mann.

»Und wenn ich nicht zu Hause gewesen wäre?«

»Aber ich wußte doch, daß du zu Hause sein würdest.«

»Woher wußtest du das?«

»Ich dachte, du hättest nichts vor.«

»Und wenn ich doch etwas vorgehabt hätte?«

»Hattest du aber nicht.«

»Und wenn doch?«

»Dann wäre ich vielleicht später wiedergekommen.«

»Und die Sachen für den Hund?«

»Die hätte ich vor der Tür gelassen. Oder ich hätte sie vielleicht später vorbeigebracht. Oder morgen. Keine Ahnung. Ich habe nicht darüber nachgedacht. Was macht das überhaupt für einen Unterschied?«

»Bist du jetzt meinetwegen vorbeigekommen oder wegen des Hundes?« wollte die Frau wissen.

»Was habe ich dir eigentlich getan?« fragte der Mann zurück. »Wieso bist du so sauer?«

Als er sah, daß der Hund noch immer mit seinem Gummiknochen beschäftigt war, pfiff er nach ihm, und der Hund ließ den Knochen fallen und landete mit einem Satz auf seinem Schoß.

»Es paßt mir nicht, daß er aufs Sofa springt«, sagte die Frau. »Tu ihn runter.«

»Was ist daran so schlimm?« fragte der Mann und kraulte den Bauch des Hundes. »Er haart doch nicht.«

»Vielleicht hat er Zecken«, meinte die Frau. »Außerdem muß er seine Grenzen kennen. Wenn er jetzt nicht lernt, wo die Grenzen sind, geht es immer so weiter. Er muß erzogen werden.«

»Habe ich richtig verstanden: Du hast also beschlossen, ihn zu behalten?« erkundigte sich der Mann.

»Nichts habe ich beschlossen«, entgegnete die Frau. »Er ist ein schwieriger Hund.«

»Willst du mir nicht sagen, was ich dir getan habe?« fragte der Mann und setzte den Hund auf den Fußboden. »Findest du es nicht gut, daß ich Sachen für den Hund mitgebracht habe? Bist du deswegen sauer?«

»Wieso hast du eigentlich Sachen für den Hund mitgebracht?« wollte die Frau wissen. »Was kümmert er dich? Heute morgen wolltest du ihn noch aussetzen.«

»Ich?« rief der Mann aus. »Ich wollte ihn aussetzen?«

»Ja. Du wolltest ihn auf irgendeinem Feld laufenlassen. Oder sonstwie auf der Straße. Damit er überfahren wird oder die Stadt ihn entsorgt. Wenn ich ihn nicht hierbehalten hätte, wäre er umgekommen. So ein kleiner Hund. Aus und vorbei! Ich begreife nicht, warum du dir nicht die Mühe machst anzurufen, bevor du vorbeikommst.«

»Weil ich deine Telefonnummer nicht habe.«

»Du hast meine Telefonnummer nicht?«

»Nein. Du hast mich angerufen. Weißt du nicht mehr?«

»Doch«, erwiderte die Frau und machte ihre Zigarette aus. Er hatte recht. Sie hatte ihn angerufen. Sie war diejenige gewesen, die den Fehler begangen hatte, ihn überhaupt erst anzurufen.

»Du rauchst ganz schön viel«, stellte der Mann fest. »Doppelt so viel wie ich.«

»Weil ich genervt bin«, erklärte die Frau. »Doppelt so genervt wie du.«

»Warum bist du so genervt?« wollte der Mann wissen und unternahm einen Versuch, sie zu umarmen, doch die Frau entzog sich der Umarmung und stand vom Sofa auf. Sie nahm den Aschenbecher, ihre Zigaretten und die Zündhölzer und ging in die Küche, und der Hund, der die Küche als Ort des Glücks in Erinnerung behalten hatte, lief ihr hinterdrein.

»Ich werde dir sagen, warum«, rief sie dem Mann aus der Küche zu, während der Hund sich neben dem Kühlschrank niederließ. »Weil du dich heute mies benommen hast. Ich hatte dich gefragt, ob du dich mal meldest, und es war unter deiner Würde, ja zu sagen.«

»Was habe ich denn geantwortet?« erkundigte sich der Mann, stellte sich in den Kücheneingang und sah sie an. »Ich weiß nicht mehr, was ich gesagt habe.«

»Du hast geantwortet: ›Mal sehen. Ich weiß es nicht‹«, zitierte die Frau spöttisch.

»Aber ich habe nicht nein gesagt.«

»Dann weißt du also doch noch, was du gesagt hast.«

»Ich erinnere mich jedenfalls nicht, gesagt zu haben, daß ich mich *nicht* wieder mit dir treffen will«, meinte der Mann. »So viel weiß ich noch.«

»Wenn du doch wußtest, daß du vorbeikommen würdest, warum mußtest du dann sagen: ›Mal sehen, ich weiß es nicht‹?«

Der Mann bückte sich, um den Hund zu streicheln, und sagte, er verstehe nicht, wovon sie rede. Bevor er sich auf den Weg gemacht hatte, dachte er bei sich, war ihm nicht bewußt gewesen, daß er bei der Frau vorbeischauen wollte. Er war einfach losgefahren.

»Hat er schon gefressen heute?« erkundigte er sich und deutete auf den Teller des Hundes, der umgedreht an der Balkontür lag.

»Nein«, antwortete die Frau. »Ich habe vergessen, ihn zu füttern.«

»Soll ich ihm dann etwas von dem Welpenfutter geben? Soll ich es ihm in den neuen Napf füllen?« fragte der Mann.

»Mach, was du willst«, erwiderte die Frau, leerte den Aschenbecher in den Mülleimer und sah, wie die Kippen in den Resten der Spaghetti versanken, die sie sich gestern zu Mittag gekocht hatte. Dann spülte sie den Aschenbecher gründlich aus und legte ihn auf den Abtropfständer.

»Du kannst machen, was du willst«, sagte sie. »Er ist ebenso dein Hund wie meiner.«

Der Hund bekam einen vollen Napf trockenes Welpenfutter. Der Mann und die Frau beschlossen, essen zu gehen. Der Mann sagte: »Es tut mir leid, wenn wir uns mißverstanden haben. Es tut mir leid, wenn ich dich verletzt habe. Ich hab's nicht so gemeint.« Und als die Frau ihn ungläubig ansah, streichelte er ihr Gesicht und bekräftigte: »Ich weiß wirklich nicht mehr, was ich am Morgen gesagt habe«, woraufhin die Frau meinte: »Laß mal, ich weiß auch nicht, warum ich über dich hergefallen bin. Ich hatte einen harten Tag. Der Hund hat mich genervt. Ich weiß nicht, was ich mit ihm machen soll.«

»Du wirst ihn erziehen müssen«, meinte der Mann.

Die Frau entgegnete: »Ja, wenn ich mich dafür entscheide, daß er bleiben darf.«

Der Mann sagte: »Du solltest dich schnell entscheiden.«

Die Frau erklärte: »Ich weiß gar nicht, wie man so ein Tier überhaupt erzieht.«

Der Mann meinte: »Das werde ich dir schon zeigen.«

Dann diskutierten sie, in welches Restaurant sie gehen wollten und wer die Rechnung übernehmen würde. Der Mann sagte: »Ich lade dich ein«, und die Frau wehrte ab: »Du hast mich gestern schon eingeladen, heute lade ich dich ein.« Er nahm sie in die Arme: »Laß dich nicht ausnehmen. Du hattest doch nur einen Kaffee. Noch nicht einmal mit Kuchen. Wieso hast du eigentlich keinen Kuchen bestellt?«

»Weil ich aufgeregt war«, erwiderte die Frau.

»Du hast nichts verpaßt«, meinte er, »meiner war widerlich.«

»Ja. Ich habe gesehen, wie du gelitten hast«, sagte die Frau.

»Aber in der Vitrine hat er gut ausgesehen«, gab der Mann zurück.

»Ja«, sagte die Frau, »ausgesehen hat er gut.«

Sie ging ins Schlafzimmer, um sich umzuziehen, und bat den Mann, inzwischen den Hund spazierenzuführen.

»Er war den ganzen Tag in der Wohnung«, erklärte sie, »und er hat auf den Fußboden im Badezimmer gepinkelt.« Aber sie sagte es ohne Wut, sogar eher fröhlich. Der Mann legte dem Hund das Halsband um, doch es war zu weit, und er fragte die Frau, ob sie etwas Spitzes im Haus habe, mit dem man Löcher machen könnte. Die Frau, die nun schon besser gelaunt war, rief ihm aus dem Schlafzimmer zu: »Neben dem Herd, in der obersten Schublade links, ist eine Schere.« Der Mann fand die Schere, nahm dem Hund das Halsband ab, legte es auf den Küchentisch, trieb die Spitze hinein, drehte sie hin und her, hob das Halsband hoch, um es zu begutachten, und sagte: »Komm her, laß es uns mal anprobieren.«

Der Hund verstand die Sprache des Mannes schon ein wenig und kam zu ihm gelaufen; den Knochen, der bereits zernagt war und den er langsam überhatte, ließ er fallen.

»Perfekt«, sagte der Mann zum Hund und hakte die Leine am Halsband ein. »Wir gehen dann mal«, rief er der Frau zu. »Zieh dich sexy an.«

Die Frau stand in Unterwäsche vor dem langen Spiegel an der Innenseite der Schranktür. Sie bemerkte einen roten Kratzer auf ihrem Bauch und wußte nicht, ob er von dem Mann oder von dem Hund stammte, zog es jedoch vor zu denken, daß er von dem Mann sei. Das schwarze Kleid, das sie gestern getragen hatte, lag auf dem Fußboden. Der zerstörungswütige Welpe fiel ihr wieder ein, und sie hob erschrocken das Kleid auf, breitete es auf dem Bett aus und richtete die Leselampe darauf, um es aus der Nähe zu untersuchen. Aber wie sich herausstellte, hatte der Hund das Kleid verschont. Sie konnte es heute abend sowieso nicht anziehen. Sie stand vor dem Schrank und suchte etwas anderes, das noch mehr in Richtung sexy ging, und fand nichts, weil sie ihr einziges Kleid, das sexy war, tags zuvor verschwendet hatte. Dann fragte sie sich, ob es ernst gemeint war, als der Mann gesagt hatte: »Zieh dich sexy an.«

JOHN DOLAN

George, der Hund, der mir das Leben rettete

»Na, was meinst du, John, wie viel hab ich heute für dich eingenommen?« Griff grinste bis über beide Ohren.

»Keine Ahnung«, erwiderte ich achselzuckend. »Einen Zehner?«

Ich saß auf dem Bürgersteig der Shoreditch High Street und zeichnete die Häuser in der Umgebung, so wie ich es jeden Tag in den vergangenen drei Jahren gemacht hatte.

Meine Finger waren taub vor Kälte, und ich überlegte, ob ich mir eine warme Tasse Tee und ein Sandwich leisten konnte.

Wie immer saß George in seiner Jacke neben mir und hatte einen Pappbecher vor sich stehen, in den die Passanten Kleingeld werfen konnten.

»Nein, John, mehr als einen Zehner.«

Das hörte ich gern. Im Becher lagen bloß ein paar Pfund, eine Handvoll Silbergeld, ein paar Kupfermünzen, obwohl wir schon seit gut zwei Stunden auf der Straße hockten. Griff musste also mehr rangeschafft haben als George und ich den ganzen Tag.

»Einen Hunderter?«, sagte ich, halb im Spaß.

»Nein. Nächster Versuch.«

Griff war ganz hibbelig. Ich spürte, dass er schier platzte vor Aufregung, wollte mich davon aber nicht kriegen lassen.

»Woher zum Teufel soll ich das wissen? Fünfhundert?«

»Mehr.«

»Tausend?«

»Mehr.«

Jetzt griff seine Aufregung auch auf mich über.

»Nun sag schon!«

»John, wir reden von einigen Tausenden.«

»Das ist kein Witz, oder? Was soll das heißen, einige Tausende?«

»Fünfzehntausend Pfund … das soll das heißen, um genau zu sein.«

Mit einem Satz war ich auf den Beinen, lachte und kratzte mir ungläubig den Kopf.

»Echt wahr? Du hast fünfzehntausend Pfund eingenommen? Heute? Wie hast du das gemacht?«

»Ich hab fünf Zeichnungen von dir verkauft. Eine allein hat fünf Riesen gebracht.«

Griff sagte bestimmt die Wahrheit, trotzdem wollte es mir nicht so recht in den Kopf, jedenfalls nicht gleich. So tolle Sachen passierten mir einfach nicht.

»Griff, lüg mich nicht an, sonst …«

»John, es stimmt, wirklich. Fünf Zeichnungen sind verkauft. Für insgesamt fünfzehntausend Pfund.«

George saß wie immer stolz und reglos vor mir, hatte die Vorderbeine ausgestreckt und den Kopf erhoben. Er schnupperte, sah mich erwartungsvoll an und wartete auf mein Kommando.

»Komm her, George! Komm her, mein Junge!«

Er sprang auf und schob mir den Kopf in die ausgestreckten Hände, nachdem ich in die Hocke gegangen war.

»Hast du das gehört, George? Fünfzehn Riesen! Ich werde reich sein.«

Ich hatte Todesängste ausgestanden, bald ohne Dach über dem Kopf dazustehen, aber in dieser Sekunde war alles wie weggeblasen. Ich konnte es einfach nicht glauben.

Und George wahrscheinlich auch nicht. Er spitzte die Ohren und legte den Kopf schief, wie er es immer tat, wenn er aufmerksam zuhörte. Er hatte die Schnauze zu einem zufriedenen Grinsen geschlossen, seine Augen glänzten.

»Und wann bekomme ich meinen Anteil?«, hätte er bestimmt gesagt, wenn er gekonnt hätte. Er ist nämlich ein vorwitziger kleiner Scheißer. »Im Ernst, Kumpel, ich freu mich für dich«, hätte er noch angefügt – bilde ich mir wenigstens ein. »Du hast es dir ja auch verdient. Aber vergiss nicht, wem du dein Glück zu verdanken hast …«

Das war im Frühjahr 2013. Ich war einundvierzig Jahre alt, und der Verkauf der Bilder war erst der zweite Glücksfall in meinem ganzen Leben.

Der erste, wirklich großartige Glücksfall war George, den ich ein paar Jahre zuvor kennengelernt hatte. Damals wusste ich das noch nicht, aber der Hund würde mein Glücksbringer werden und meine Welt radikal auf den Kopf stellen.

Ohne George hätte ich nicht zum Stift gegriffen und wieder mit dem Zeichnen begonnen, nachdem ich jahrzehntelang mein Talent ungenutzt gelassen hatte; ohne

George hätte ich nie Griff alias Richard Howard-Griffin kennengelernt, meinen Galeristen. Ich würde jetzt entweder in der Gosse liegen, im Knast sitzen oder mir die Radieschen von unten ansehen, und das ist mein voller Ernst.

Stattdessen habe ich seitdem mit einigen weltberühmten Streetart-Künstlern zusammengearbeitet, meine Bilder hängen von New York bis Moskau an den Wänden, und ich habe eine Londoner Ausstellung hinter mir, auf der sämtliche Zeichnungen verkauft wurden. Als ich George begegnete, steckte ich schon seit vielen Jahren in einem Teufelskreis aus Obdachlosigkeit, Kriminalität, Gefängnis, Depression und Drogen fest.

George war es, der diesen Kreislauf durchbrochen hat, und George hat den Künstler in mir dazu animiert, sich zu erheben und aus der Dunkelheit herauszutreten.

Keine geringe Leistung für einen jungen Staffordshire-Bullterrier, besonders für einen, dessen Leben vor unserem Kennenlernen auch nicht gerade rosig gewesen war. George ist meine ganze Welt. Ich liebe ihn über alles, und das hier ist die Geschichte, wie er mein Leben verändert hat.

Es war im Winter 2009, als George in mein Leben trat. Ich wohnte in einem möblierten Zimmer einer Sozialwohnung in der Royal Mint Street. Unten gab es einen Zeitungsladen, um die Ecke lag gleich der Tower, und ich lebte dort mit einigen Unterbrechungen seit etwa zwei Jahren; das war das Beste, was sich aus dieser Zeit sagen lässt. Ansonsten hatte ich mit so ziemlich allem in meinem Leben zu kämpfen: Ich hatte keine Arbeit, kein Einkommen, und ich kriegte meine Drogensucht nicht in den Griff. Das Einzige, was ich hatte, war das Zimmer. Ich war oft genug obdachlos gewesen, um zu wissen, wie es ist, wenn man draußen schläft, daher schätzte ich mich glücklich, eine feste Bleibe zu haben. In meiner Kindheit hat meine Mutter Dot mir beigebracht, dass Nächstenliebe zu Hause beginnt, also nahm ich manchmal für eine oder zwei Nächte andere bei mir auf, die ich auf der Straße aufgegabelt hatte und denen es noch elender ging als mir. So traf ich auf Becky und Sam.

Ich begegnete ihnen vor der U-Bahn-Station Tower Hill. Sie waren ein nettes junges Pärchen Anfang zwanzig, sie bettelten, und wie die meisten Obdachlosen vermittelten sie den Eindruck, als hätten sie von allem die Schnauze voll und bräuchten unbedingt mal eine Verschnaufpause. Sie hatten einen Schäferhund, der mich ein bisschen an den Hund aus meiner Jugend erinnerte, und so kamen wir ins Gespräch. Im Lauf des nächsten Monats lernte ich die beiden ziemlich gut kennen, weil ich nämlich selbst bettelte – auch wenn ich mich schäme, das einzugestehen. Ich wusste einfach nicht, was ich sonst machen sollte. Anderen gegenüber sagte ich, ich befände mich in einer »finanziellen Notlage«, aber es war viel schlimmer. Ich war völlig abgebrannt und wusste mir nicht mehr anders zu helfen, als mit der Mütze in der Hand Passanten anzusprechen, ob sie für einen hoffnungslosen Typen wie mich nicht ein bisschen Kleingeld übrig hätten. Jedenfalls versuchten wir drei uns gegenseitig aufzubauen, wenn wir uns über den Weg liefen, besorgten uns einen Becher Tee gegen die Kälte oder erzählten uns, was wir mit unseren Mitmenschen und Kunden so erlebten.

»Da war einer, der hat gemeint, ich hätte ein nettes Lächeln, und deswegen hat er mir einen Fünfer gegeben und gesagt, das bisschen Glück hätte ich mir verdient«, erzählte Becky dann.

»Mich hat so ein schrulliger Opa angepöbelt, ich sei eine Schande für die ganze Menschheit, und am besten wäre es, wenn ich mich gleich unter einen Bus werfen würde«, witzelte ich, obwohl das von der Wahrheit nicht so weit entfernt war. Entweder man lachte darüber, oder man gab sich gleich die Kugel.

Es ging auf Dezember zu, und allmählich wurde es richtig kalt. Ich wusste aus eigener Erfahrung, wie schlimm es zu dieser Jahreszeit auf der Straße ist, also bot ich Becky und Sam an, dass sie, wenn sie wollten, für eine Weile bei mir bleiben könnten. Sie lebten seit etwa zwei Jahren draußen und gingen auf das Angebot erwartungsgemäß sofort ein, auch wenn ich sie warnte, dass mein Zimmer definitiv nicht das Ritz war. Es war kalt, muffig und so klein, dass neben meinem Schlafsofa kaum noch Platz blieb. Aber sie waren dankbar und quetschten sich mit ihrem Schäferhund in der Mitte auf den Boden. Sie erzählten mir, sie hätten den Hund aus einer Obdachlosenunterkunft gerettet, wo sie mit angesehen hatten, wie jemand ihn halb totschlug. Ich war im Lauf der Jahre oft Zeuge sinnloser Gewaltausbrüche geworden und hatte, wenn ich so richtig unten war, auch selbst ordentlich Prügel bezogen.

»Da habt ihr beide eine gute Tat vollbracht«, sagte ich zu Becky. »Darum geht es doch im Leben.«

Einige Tage später kam Becky die Treppe zu meinem Zimmer hochgelaufen und fragte mich atemlos, ob es okay sei, wenn sie einen zweiten Hund mitbringe. Ich war ehrlich bestürzt. Als Obdachloser ist es wichtig, sich nicht allzu viel Verantwortung aufzuhalsen. Es war schon schwierig genug, die Kohle zu besorgen, damit man selbst über die Runden kam. Wie sollte man das noch mit zwei Hunden hinkriegen?

»Warum? Ist alles okay? Was ist passiert?«, fragte ich.

»Na ja, ist eine komische Geschichte«, antwortete sie, als sie langsam wieder zu Atem kam.

Es stellte sich heraus, dass ein betrunkener Schotte vor der U-Bahn-Station auf Becky zugewankt war und sie gefragt hatte, ob sie ihm nicht seinen Hund abkaufen möchte.

»Wie viel willst du für ihn haben?«

»So viel wie für eine Dose Starkbier – mehr nicht.«

»Du hast sie doch nicht mehr alle!«, antwortete Becky. »Du kannst deinen Hund doch nicht für eine Dose Bier verkaufen!«

Sie sah zum Hund, der friedlich neben dem Schotten saß und so tat, als würde er sich seinen Teil denken. Es war ein junges, schönes und äußerst wachsames Tier, und es war wirklich eine Riesenschweinerei, wenn man es für den Preis einer Dose Bier hergab – egal, ob es sich nun um Starkbier oder um normales handelte. Wenn der Schotte allerdings meinte, mehr wäre der Hund nicht wert, dann hatte er den Hund auch nicht verdient. Also leerte sie ihre Taschen und sah nach, wie viel Geld sie bei sich hatte.

»Ich sag dir was, ich geb dir zwanzig Pfund. Nimm sie, aber lass dich hier nicht mehr blicken, verstanden?«

»Aye, verstanden«, erwiderte er und zählte die Kohle nach. »Übrigens, er heißt George.«

Der Schotte torkelte davon, Becky hielt George an der abgewetzten Leine, fragte sich, was um Himmels willen sie da jetzt geritten hatte, und hoffte, dass ich nichts dagegen haben würde, ihn auch noch bei mir aufzunehmen.

»Warum nicht?«, sagte ich, nachdem ich mir die Geschichte angehört hatte. »Klingt ja so, als hätte er auch mal eine Verschnaufpause nötig. Los, hol ihn schon.«

Becky kehrte um, und zwei Minuten später ging erneut die Tür auf, und George trabte herein. Ich war überrascht, was für ein schöner Hund er war. Hunde von Obdachlosen werden nicht immer gut versorgt, manchmal geben sie ein eher trauriges Bild ab. Obwohl er ein wenig nervös wirkte, war sein Temperament sofort zu spüren. Der dunkle Fleck um das linke Auge, seine Ohren, von denen eines schwarz, das andere weiß war, verliehen ihm etwas sehr Niedliches. Eines der Ohren hatte noch dazu einen Knick, möglicherweise Folge eines Kampfes, aber er war unbestreitbar ein wunderschöner Hund.

»Für eine Dose Starkbier?«, wunderte ich mich. »Der Typ muss ein verdammter Arsch sein!«

Ich streichelte George über den Kopf und begrüßte ihn mit einem »Hallo«, ließ ihn aber ansonsten in Ruhe, weil er nervös und unruhig wirkte. Übel nehmen konnte man es ihm nicht. Es musste für ihn ganz schön hart sein, sich mit neuen Besitzern in einer völlig fremden Wohnung wiederzufinden. Und weiß der Himmel, welches Leben er bei dem Schotten vorher gehabt hatte.

»Wie lang hatte ihn dieser Kerl?«, fragte ich.

Becky zuckte mit den Schultern. »Keine Ahnung. Ich glaube aber, dass George noch nicht sehr alt ist.«

Ich stimmte zu. Er war kein Welpe mehr, aber er sah mir auch nicht älter aus als – sagen wir – anderthalb Jahre.

George saß mucksmäuschenstill auf dem Boden und lauschte und beobachtete alles. Sein Blick war immer auf denjenigen gerichtet, der gerade redete, und beim geringsten Geräusch von draußen spitzte er die Ohren. Er war ganz offensichtlich auf der Hut, trotzdem schien eine große Ruhe von ihm auszugehen. Er hatte etwas Hypnotisches an sich. Ich mochte ihn vom Fleck weg.

»Kannst du für ein paar Stunden auf George aufpassen?«, fragte Becky zwei Tage später. »Es ist wirklich wichtig, sonst würde ich dich nicht damit behelligen.«

Sie und Sam hatten einen Termin bei einem Sozialarbeiter, der sich bemühte, sie von der Straße zu holen. Becky meinte, sie wollten dort nicht mit zwei Hunden aufkreuzen. Ihr Schäferhund wich ihnen nicht von der Seite, wie ich wusste, und ich war froh, wenn ich ihnen aushelfen konnte. In den wenigen Tagen, in denen ich George mittlerweile kannte, hatte er sich ganz großartig verhalten. Er bellte so gut wie nie, und sein entspanntes Wesen hatte eine beruhigende Wirkung auf mich. Er stellte sich als ein äußerst willkommener Gast heraus.

»Wird mir eine Freude sein«, sagte ich. »Du bist ein guter Junge, was, George?«

Er sah mich an und legte den Kopf schief. Ich machte mir keine Gedanken darüber, dass ich vielleicht irgendwelche Probleme mit ihm haben würde. Eigentlich machte ich mir über gar nichts Gedanken.

Becky und Sam waren eine Ewigkeit weg. Irgendwann fütterte ich George mit der halben Dose Hundefutter von Tesco, die sie neben dem Wasserkocher hatten stehen lassen, und gab ihm was zu trinken. Es mochte zwar verdammt lange her gewesen sein, dass ich mich um einen Hund gekümmert hatte, aber sogar mir fiel ein, dass ich mit ihm irgendwann raus musste, falls die beiden in absehbarer Zeit nicht zurückkamen. Ich wartete bis zum Einbruch der Dämmerung, dann gab ich mich geschlagen. Es war George anzusehen, wie sehr er sich langweilte; es war nicht richtig, einen jungen Hund wie ihn so lange in einer winzigen Wohnung schmoren zu lassen. George war aufgeregt, als ich ihm endlich die Leine anlegte, und als ich die Tür aufmachte, schoss er davon und zog mich die Treppe hinunter wie ein Husky seinen Schlitten.

Unten auf der Straße nahm ich die Leine fest in die Hand und marschierte mit ihm um den Block. Sorgen machte mir nur mein schwacher arthritischer Knöchel; wenn George fest genug zog, konnte er mich leicht umwerfen. Aber davon wollte ich mich nicht kirre machen lassen, stattdessen genoss ich einfach den Ausflug und dachte mir, wie gut es mir tat, mal wieder einen Hund auszuführen. Es musste fünfzehn Jahre her gewesen sein, dass ich so etwas das letzte Mal gemacht hatte. Tatsächlich kam es mir so vor, als würde ich zum ersten Mal seit fünfzehn Jahren nicht bloß sinnlos herumlatschen, sondern etwas Gutes und Sinnvolles tun.

Während wir so durch den Park liefen, dachte ich zurück an meine Kindheit, in der ich mit meinem Hund Butch, einer wunderbaren schwarzen Promenadenmischung, in ganz London unterwegs gewesen war. Was hatte ich damals für Zukunftspläne! Wie verdammt lange war das her, und wie sehr hatte ich mein Leben seitdem gegen die Wand gefahren.

»Es läuft nicht immer alles so, wie man es sich vorstellt, was, Kumpel?«, sagte ich zu George, der sich plötzlich umdrehte und mir die Hand abschleckte.

»He, benimm dich!«, sagte ich. »Was soll das denn?«

Er rieb seine Schnauze an meinem Bein, und sofort hatte ich bessere Laune. Es war, als wollte er sich für den Auslauf und meine Fürsorge bedanken. Was nicht nötig gewesen wäre. Wegen ihm war ich doch überhaupt draußen und machte einen Spaziergang an der frischen Luft, statt in meiner erbärmlich kleinen Bude zu versauern, wo ich nur über Mittel und Wege nachdachte, wie ich meine Situation vergessen konnte. Ich musste ihm mindestens ebenso dankbar sein wie er mir.

Trotzdem war mir nicht ganz wohl bei der Sache. Ich war es nicht gewohnt, Verantwortung zu übernehmen – außerdem war es verteufelt lange her, dass ich einen Hund versorgt hatte. Als wir den Rückweg antraten, legte George den Kopf schief und sah mich eindringlich an, als wollte er mich von oben bis unten mustern. Ich hatte das Gefühl, dass ich ihm etwas sagen, dass ich ihm auf die Frage in seinem Blick antworten musste.

»Junge, bei mir passiert dir nichts«, sagte ich schließlich. »Mach ruhig ein Nickerchen, du musst dir um nichts Sorgen machen.«

Er runzelte die Stirn und sah mich träge an. Ich ließ mich auf einer Bank nieder, George legte sich zu meinen Füßen hin, und ich griff mir eine alte Ausgabe des *Evening Standard,* blätterte sie durch und blieb an einem Artikel über die vorgesehenen Sozialkürzungen hängen. Einer der vielen Gründe für meine Lage waren die gekürzten Sozialleistungen. Sicher, das war nicht alles – ich hatte schon auch meinen gehörigen Anteil daran –, trotzdem trug das dazu bei, warum ich mich bettelnd auf der Straße herumtrieb, obwohl das wirklich das Letzte war, was ich wollte. Ich musste unbedingt raus, weg davon, aufgrund meiner Vergangenheit und meiner Probleme aber war niemand, der noch richtig tickte, bereit, mir einen Job zu geben. Ich sah für mich keinen Ausweg aus dem tiefen Loch, das ich mir selbst gegraben hatte, und so hatte ich mich insgeheim schon mit der Tatsache abgefunden, dass sich an meinem Leben nicht mehr großartig etwas ändern würde. Wenn, dann würde es mit mir eher weiter bergab gehen.

Während ich den Artikel las, richtete sich George zwischen meinen Beinen auf und steckte seine Schnauze in die Zeitung. »Du neugieriger Mistkerl«, murmelte ich. Ich legte die Zeitung weg und kraulte ihm den Kopf, was er zu genießen schien. Zum ersten Mal sah ich ihn so richtig an. Ich schaute ihm tief in die Augen, und stolz erwiderte er den Blick. Zwischen uns schien eine Verbindung zu bestehen. Eine unergründliche Tiefe schien in seinen Augen zu liegen, eine Gelassenheit, und ich erinnere mich noch gut, wie in diesem Moment ein Gefühl der Ruhe über mich kam. Es war das erste Mal seit langer, langer Zeit, dass ich so etwas wie Frieden empfand.

Becky und Sam strahlten, als sie an diesem Tag in die Wohnung zurückkamen. Es war ihnen anzusehen, dass sie es kaum erwarten konnten, mir alles zu erzählen.

»Gute Neuigkeiten?«, fragte ich.

Sie freuten sich riesig, trotzdem klang Becky ziemlich nervös, als sie zu erzählen begann.

»Folgendes, John. Uns ist eine Wohnung angeboten worden, nur …« Sie sah zu George, der genau zuzuhören schien.

»Aber das ist doch fantastisch!«, unterbrach ich sie. »Herzlichen Glückwunsch!«

»Es gibt nur ein Problem.«

»Sag schon …«

»Wir können nur einen Hund mitnehmen.«

Ich sah zu George, der ruhig dasaß und auf den Boden starrte. Meine Güte, was tat er mir leid. Ich wusste nur zu gut, wie es sich anfühlt, wenn man nicht zu den Auserwählten gehört, sondern zurückbleiben muss. Mir war klar, dass sich Becky und Sam diese Chance auf eine eigene Bude nicht entgehen lassen konnten. Und natürlich würden sie ihren Schäferhund mitnehmen. George würde also derjenige sein, der übrig blieb.

»Keine Sorge, Kumpel«, sagte ich, ging zu George und kraulte ihm den Kopf. »So ein hübscher Bengel wie du findet sofort wieder eine Bleibe.«

»Äh«, kam es von Becky. Sie rieb sich nervös die Hände. »John, ich muss dich noch was fragen.«

»Ja?«

»Also, ich hab mir nämlich überlegt … vielleicht könntest du ihn ja nehmen. Was meinst du?«

Ich sah zu George, dachte an unseren Nachmittag im Park und wusste, dass es darauf nur eine Antwort gab.

»Klar. Er kann so lange bei mir bleiben, bis ihr was für ihn gefunden habt. Ich bin froh um ein bisschen Gesellschaft.«

Becky lächelte, aber sie war immer noch nicht fertig. »Ähm, ich meinte eigentlich nicht nur für eine Weile …« Ihr Blick huschte zwischen George und mir hin und her. »Ich meinte eigentlich, ob du ihn nicht ganz behalten willst. Ob du George nicht bei dir aufnehmen willst.«

Ich dachte, ich höre nicht richtig. Ich konnte mich nicht erinnern, wann mir das letzte Mal jemand etwas anvertraut hatte – und jetzt bot Becky mir an, dieses wunderbare Tier in Obhut zu nehmen. »Ich? Du willst, dass ich ihn behalte?«, sagte ich mehr zu mir selbst.

»Ja … das heißt, wenn du ihn willst. Wir haben doch mitbekommen, wie du mit ihm umgehst. Du bist ein ehrlicher Typ, John. Sam und ich haben das von Anfang an gespürt. Wir wissen, dass du dich gut um ihn kümmern wirst, sonst hätten wir dich nicht gefragt.«

Wenn man, um seinen Lebensunterhalt zu bestreiten, aufs Betteln angewiesen ist, bekommt man nicht oft Komplimente zu hören. Beckys Worte berührten mich daher zutiefst. Offensichtlich spürte sie, wie gut George und ich miteinander auskamen, und das gab mir das nötige Selbstvertrauen.

»Wirklich? Na, wenn du mir so Honig ums Maul schmierst, soll es mir recht sein!«

Und damit war die Sache entschieden. Ich klopfte mir auf die Oberschenkel. »Los, George! Komm her!«

Er erhob sich und trottete schwanzwedelnd auf mich zu.

»Was hab ich dir heute gesagt? Im Leben läuft es nicht immer so, wie man denkt, was, Kumpel?«

Becky und Sam zogen noch am selben Abend aus, deshalb kam ich erst sehr spät ins Bett. Damals schlief ich nicht besonders gut; nachdem ich aber mein Schlafsofa hergerichtet und George auf dem Boden untergebracht hatte, fiel ich relativ schnell in einen tiefen Schlaf. Als ich am nächsten Morgen die Augen aufschlug, lag ich auf der Seite, und George hatte sich in meine Kniekehlen geschmiegt. Er war völlig entspannt, so, als wäre er es seit jeher gewohnt, sich zwischen meinen Beinen zusammenzurollen. Ich brauchte ein, zwei Minuten, bis ich richtig wach wurde, und mein erster Gedanke lautete: Worauf zum Teufel hab ich mich da eingelassen?

Das Selbstvertrauen vom Vortag war völlig verflogen. Ich war ein Wrack. Ich hatte keinen Job, ich hatte keine Kohle, ich hatte keine Ziele. Ich konnte mich noch nicht mal um mich selbst kümmern, geschweige denn um einen Hund. Und George war, verdammt noch mal, ein großer Hund. Das alles war der komplette Wahnsinn; ich würde es nie schaffen. Ich schloss die Augen und versuchte das Problem auszublenden. Ich hasste den Morgen, vor Mittag kam ich nie in den Gänge. Normalerweise ging mir nach dem Aufwachen nur durch den Kopf, wie ich den Tag überstehen sollte, wenn ich ihn denn überhaupt irgendwie rumbrachte. Mein Leben stand sowieso schon auf der Kippe, wenn ich mich jetzt auch noch um ein Haustier kümmern musste, könnte mich das vollends aus der Bahn werfen. Becky würde das verstehen. Wenn es also nicht anders ging, dann musste ich mich selbst um ein neues Zuhause für George umtun.

George rührte sich, er schob mir seine Schnauze ins Gesicht und zwang mich, erneut die Augen aufzuschlagen. Sein Gesicht war nur Zentimeter von meinem entfernt, und er atmete mir in der eiskalten Wohnung warme weiße Wölkchen ins Gesicht.

»Was willst du?«, fragte ich. »Was soll das?«

Seine braunen Augen glänzten. Er wirkte hellwach und aufgeregt – das genaue Gegenteil von dem, wie ich mich fühlte.

»Los, verschwinde! Ich steh ja gleich auf. Verschwinde!«

Ich griff nach meinem Handy und rief Jackie an, meine Schwester. Sie war die Einzige aus meiner Familie, zu der ich noch Kontakt hatte – auch wenn ich sie seit ein paar Jahren nicht mehr gesehen hatte und zwischen unseren Gesprächen manchmal ein halbes oder dreiviertel Jahr lag.

»Was ist, John?«, fragte sie. Aus Erfahrung wusste sie, dass ich nur anrief, wenn ich in Schwierigkeiten steckte oder sie um einen Gefallen bitten wollte.

»Ich hab was Blödes gemacht.«

»Was du nicht sagst! Was ist es diesmal?«

Wahrscheinlich hing es ihr zum Hals raus, dass sie ihrem unfähigen kleinen Bruder ständig aushelfen musste, trotzdem war aus ihrer Stimme immer auch Mitgefühl herauszuhören.

»Ich hab jetzt einen Hund – dabei kann ich doch noch nicht mal auf mich selbst aufpassen!«

Jackie lachte. »Das ist jetzt ein Scherz, oder?«

»Das ist kein Scherz. Was soll ich machen?«

»Na ja, es gibt Schlimmeres. Wie heißt er?«

»George.«

Er hatte im Zimmer herumgeschnüffelt, als er aber jetzt seinen Namen hörte, kam er mit erwartungsvollem Blick angetrottet. Wahrscheinlich, fiel mir ein, musste er raus, während ich doch bloß weiterschlafen wollte, damit ich einen klaren Kopf bekam und mir die nächsten Schritte überlegen konnte.

»Wie ist er?«

»Wunderschön«, sagte ich rundheraus. »Er ist der schönste Hund, den du jemals gesehen hat, Jack.« George sprang wieder aufs Bett, schob sich an mich und schleckte mir übers Gesicht. »Hör zu, ich muss los. Der Hund fällt gerade über mich her. Wir reden später noch mal.«

Und zu George sagte ich: »Okay, schon verstanden.« Ich schob ihn weg. »Ich weiß, du willst raus. Okay, wenn du das willst, dann machen wir das, und dann überlegen wir uns, was wir als Nächstes tun …«

Damals war mir das nicht klar, aber in diesem Moment hatte ich eine Entscheidung getroffen, die letztlich mein ganzes Leben verändern sollte. Von jetzt an stand ich nicht erst nachmittags, sondern am Morgen auf und ging mit George Gassi, weil er das so brauchte, obwohl es wirklich nicht das war, worauf ich Lust hatte.

Gegen halb zehn machten wir uns also auf den Weg zu einem nahe gelegenen kleinen Park. Es war ein eiskalter Wintertag, aber die tief stehende Sonne strahlte. Ich hatte einen dicken Kopf, meine Augen brannten. Ich konnte mich nicht erinnern, wann ich das letzte Mal so früh die

Wohnung verlassen hatte. Eine junge Mutter mit Kinderwagen, der wir auf dem Gehsteig entgegenkamen, machte einen großen Bogen um uns. Erst fragte ich mich, ob sie Angst vor einem Hund wie George hatte, bis mir einfiel, dass wahrscheinlich ich derjenige war, der ihr nicht ganz geheuer schien. Wegen der Kälte hatte ich es mir zur Angewohnheit gemacht, angezogen zu schlafen, außerdem wusch und rasierte ich mich nur ungern, weil es kein warmes Wasser gab. Daneben hatte ich im Lauf der letzten Jahre einige Zähne verloren, was meinem äußeren Erscheinungsbild alles andere als zuträglich war. Ich hatte schon seit einiger Zeit nicht mehr in den Spiegel gesehen, weil ich meinen eigenen Anblick nicht mehr ertrug. Und zu allem Elend roch ich auch wahrscheinlich nicht gerade nach Veilchen, was auf George ebenfalls zutraf. Ich konnte es ihr nicht übel nehmen, dass sie uns auswich. Mein Zustand war alles andere als gesellschaftstauglich, und sicherlich vermittelte ich nicht den Eindruck, als könnte ich auf einen Hund wie George aufpassen.

Genau wie am Tag vorher zerrte George mit aller Kraft an der Leine, und bis wir den Park erreichten, hatte ich mächtig zu tun, um mich überhaupt noch auf den Beinen zu halten. Mein rechter Knöchel fühlte sich schlimmer an als sonst; ich hätte auf den Krücken laufen sollen, wie ich es in den Wintermonaten oft tat, wenn es mit der Arthritis schlimmer wurde. Ich hatte sie im Zimmer gelassen, weil es mir aussichtslos erschien, mit ihnen George auszuführen. Diesen Kampf hätte er auf jeden Fall gewonnen.

Ich hatte einen alten Tennisball mitgenommen, den ich in der Wohnung gefunden hatte. Ich ließ George von der

Leine, warf den Ball so weit, wie ich konnte, und hoffte, nach dem Herumgezerre wieder etwas zu Atem zu kommen.

George spurtete los, Sekunden später war er wieder da, Speichel tropfte ihm von den Lefzen, und den Ball hatte er fest zwischen die Zähne geklemmt.

»Guter Junge! Lass den Ball los. Aus, George! Aus!«

Bei Butch, meinem Hund in der Kindheit, hatte das gereicht. »Aus!«, diesen Befehl hatte er von klein auf gelernt und immer befolgt. Aber George war von so was völlig unbeleckt. Er weigerte sich, die Kiefer auch nur ein wenig zu lockern, saß nur da und zerbiss den Ball, als würde sein Leben davon abhängen. Zögerlich streckte ich die Hand aus, um ihm den Ball wegzunehmen. Das war das erste und letzte Mal, dass ich George ins Maul fasste. Hätte nicht viel gefehlt, und ich hätte ein paar Finger weniger gehabt!

»Autsch! Pass auf!«, rief ich und zuckte zurück. »Ich brauch meine Pfoten noch.«

Er sah mich an und schien entnervt mit den Augen zu rollen, als wollte er mir zu verstehen geben: »Das hättest du mir aber auch sagen können.« Mir ging auf, dass er mir immer in die Augen schaute, wenn ich mit ihm redete, und mir schwante, dass er ein ziemlich dreister Kerl war. Wieder warf ich den Ball, und diesmal war es noch schwieriger, ihm das Spielzeug wieder abzunehmen. Er knurrte, Speichel tropfte ihm aus dem Maul, und ganz offensichtlich hatte er seinen Spaß an dem Gerangel. Als ich schon dachte, ich würde ihm den Ball abnehmen können, fletschte er die Zähne und verbiss sich noch mehr darin. Ich konnte von

Glück reden, dass ich nicht gebissen wurde. Da kam mir schlagartig ein Gedanke.

»Verdammt, du bist ja voll ausgewachsen!« Das durfte ich nicht auf die leichte Schulter nehmen. Wenn ich mich selbst und mein Leben nicht auf die Reihe bekam, würde ich nie und nimmer diesem muskelbepackten Haustier gewachsen sein. Ich hatte absolut keine Erfahrung mit Staffordshires oder ähnlichen Hunderassen. Alles, was ich kannte, war mein alter Hund Butch, eine gewöhnliche Promenadenmischung, und auch das war, wie gesagt, schon lange, lange her.

Es war Wahnsinn, George zu behalten, absoluter Wahnsinn. Aber ich konnte ja auch kaum behaupten, dass ich noch alle beieinander hatte – damals jedenfalls ganz sicher nicht.

TRUMAN CAPOTE

Das hier ist von Jamie

I

Fast jeden Morgen außer am Sonntag ging Miss Julie mit Teddy zum Spielen in den Park. Teddy mochte diese täglichen Ausflüge. Er nahm sein Fahrrad oder irgendwelche Spielsachen mit und vergnügte sich, während Miss Julie, froh, ihn los zu sein, mit den anderen Kindermädchen tratschte und mit den Polizisten flirtete.

Teddy mochte den Park am Vormittag am liebsten, wenn warm die Sonne schien und das Wasser in Kristallstrahlen aus der Fontäne spritzte. »Es sieht ganz wie Gold aus, nicht wahr, Miss Julie?«, fragte er das sorgfältig geschminkte Kindermädchen in seiner weißen Tracht.

»Wenn es das bloß wäre!«, grummelte Miss Julie.

In der Nacht vor dem Tag, an dem Teddy Jamies Mutter kennenlernte, hatte es geregnet, und am Morgen war der Park dann frisch und grün. Es war zwar schon Ende September, fühlte sich aber an wie ein Frühlingsmorgen. Teddy lief mit wilder Ausgelassenheit die befestigten Parkwege entlang. Er war Indianer, Detektiv, Raubritter, Märchenprinz, er war ein Engel, er würde den Wegelagerern durchs Gestrüpp entkommen – und vor allem war er glücklich und hatte zwei Stunden ganz für sich.

Er spielte mit seinem Cowboyseil, als er sie sah. Sie kam den Weg entlang und setzte sich auf eine freie Bank. Sie hatte einen Hund dabei, und der zog anfangs Teddys Aufmerksamkeit auf sich. Er hatte Hunde gern und wollte unbedingt einen eigenen haben, aber Papa hatte Nein gesagt, denn einen Welpen wollte er nicht stubenrein machen müssen, und mit einem ausgewachsenen Hund war das nicht das Gleiche. Der Hund der Frau war genau das, was sich Teddy immer gewünscht hatte. Es war ein Drahthaarterrier und noch kaum mehr als ein Welpe.

Langsam und ein bisschen schüchtern ging er zu der Bank und tätschelte dem Hund den Kopf. »Guter Hund«, »Braver Junge«. Das sagten sie immer in den Filmen und den Abenteuergeschichten, die Miss Julie ihm vorlas.

Die Frau sah hoch. Teddy hielt sie für ungefähr so alt wie seine Mutter, aber seine Mutter hatte nicht so schöne Haare. Die der Frau waren wie Gold und fielen in weichen Wellen herab.

»Das ist ein schrecklich netter Hund. So einen hätte ich auch gern.«

Die Frau lächelte, und da fand er sie sehr schön. »Er gehört mir nicht«, sagte sie, »er gehört meinem kleinen Jungen.« Sie hatte auch eine schöne Stimme.

Teddys Augen leuchteten auf. »Haben Sie einen Sohn wie mich?«

»Oh, er dürfte etwas älter sein als du. Er ist neun.«

Teddy rief eifrig: »Ich bin acht. Oder fast.« Er sah jünger aus. Er war klein für sein Alter und sehr dunkel. Er war kein hübsches Kind, hatte aber ein offenes Gesicht und ein einnehmendes Wesen.

»Wie heißt Ihr Sohn?«

»Jamie – Jamie.« Sie wirkte glücklich, als sie den Namen sagte.

Teddy setzte sich neben sie auf die Bank. Der Hund wollte weiterspielen, sprang Teddy an und kratzte ihn an den Beinen.

»Platz, Frisky«, befahl die Frau.

»So heißt er?«, fragte Teddy. »Das ist ein echt süßer Name. Er ist so ein lieber Hund. Ich wünschte, ich hätte auch einen Hund, den könnte ich dann jeden Tag in den Park mitnehmen, und wir könnten spielen, und abends könnte er bei mir im Zimmer sitzen, und ich könnte mich mit ihm unterhalten statt mit Miss Julie, weil es Frisky egal wäre, worüber ich reden würde – oder nicht?«

Die Frau lachte tief und irgendwie traurig. »Wahrscheinlich ist Jamie genau deswegen so verrückt nach Frisky.«

Teddy knuddelte den Hund an seinem Bein.

»Läuft Jamie auch mit ihm durch den Park und spielt Indianer und so?«

Das Lächeln der Frau erstarb. Sie sah Richtung Springbrunnen. Einen Augenblick lang dachte er, sie wäre böse auf ihn.

»Nein«, antwortete sie, »nein, er läuft nicht mit Frisky herum. Er spielt nur auf dem Fußboden mit ihm, er kann nicht nach draußen. Deswegen gehe ich mit Frisky Gassi. Jamie war noch nie im Park – er ist krank.«

»Oh, das habe ich nicht gewusst.« Teddy wurde rot. Plötzlich sah er Miss Julie den Weg entlangkommen und wusste, dass sie mit ihm schimpfen würde, wenn sie merkte, dass er mit einer Fremden redete.

»Ich hoffe, ich sehe Sie wieder«, sagte er, »grüßen Sie Jamie von mir, ich muss jetzt gehen, aber sind Sie morgen vielleicht wieder hier?«

Die Frau lächelte; wieder fiel ihm auf, wie nett und schön sie war. Er lief den Weg entlang zu Miss Julie, die die Tauben mit Brotkrumen fütterte. Er sah sich noch einmal um und rief: »Tschüs, Frisky!« Das wogende Haar der Frau leuchtete in der Sonne.

II

Am Abend musste er die ganze Zeit an die Frau und ihren Sohn Jamie denken. Er musste sehr krank sein, wenn er nicht nach draußen gehen konnte. Und als Teddy im Bett lag, sah er immerzu Frisky vor sich. Hoffentlich war die Frau am nächsten Tag wieder da.

Am Morgen kam Miss Julie herein, schüttelte ihn und blaffte: »Komm schon, du Faulpelz! Raus aus den Federn, oder du kommst nicht in den Park.«

Sofort sprang er aus dem Bett und lief ans Fenster. Es war klar und kühl und roch nach frühem Morgen. Im Park würde es heute herrlich sein!

»Yippie, yippie«, rief er und lief aufgekratzt ins Badezimmer.

»Na, was ist denn in den Jungen gefahren?«, wunderte sich Miss Julie und sah Teddy verdutzt nach.

Als sie in den Park kamen, entwischte Teddy Miss Julie, die stehen blieb, um sich mit zwei anderen Kindermädchen zu unterhalten. Die langen, gewundenen Parkwege waren so gut wie verlassen. Er fühlte sich völlig frei und allein. Er kroch durch ein Gebüsch und kam beim Springbrunnen heraus, und dort, direkt vor sich, entdeckte er die Frau und den Hund.

Sie sah hoch, als der Hund Teddy anbellte.

»Hallo, Teddy«, begrüßte sie ihn herzlich.

Er freute sich, dass sie noch wusste, wie er hieß. Wie nett sie doch war! »Hallo. Hallo, Frisky.« Er setzte sich auf die Bank, und der Hund sprang ihn an, leckte ihm die Hand und stupste ihn in die Seite.

»Aua«, quiekte Teddy, »das kitzelt.«

»Ich warte schon fast zehn Minuten auf dich«, sagte die Frau.

»Sie haben auf mich gewartet?«, fragte er verwundert und überglücklich.

»Ja«, lachte sie, »ich muss zu Jamie zurück, bevor der Tag vorbei ist.«

»Ja«, sagte Teddy gehetzt und froh, »ja, natürlich, nicht? Ich könnte wetten, Frisky fehlt ihm, wenn der hier draußen im Park ist. Wenn das mein Hund wäre, würde ich ihn keinen Augenblick aus den Augen lassen.«

»Jamie hat es aber nicht so gut wie du«, sagte sie. »Er kann nicht herumlaufen und spielen.«

Teddy kraulte den Hund; er drückte sich seine kalte Schnauze in die warme Wange. Er hatte gehört, wenn Hunde kalte Schnauzen haben, sind sie gesund.

»Was hat Jamie denn?«

»Ach«, antwortete sie unbestimmt, »eine Art Husten, einen schlimmen Husten.«

»Dann kann er aber nicht sehr krank sein«, sagte Teddy

fröhlich. »Ich hatte schon oft Husten, aber ich musste nie länger als zwei oder drei Tage im Bett bleiben.«

Sie lächelte müde. Sie saßen da und schwiegen. Teddy hätschelte den Hund im Schoß und wünschte, er könnte aufspringen und mit ihm über die großen grünen Rasenflächen rennen, die mit einem »RASEN BETRETEN VERBOTEN« markiert waren.

Die Frau stand auf und griff nach der Hundeleine. »Ich muss jetzt los«, sagte sie.

»Sie wollen doch nicht schon weg, oder?«

»Doch, ich fürchte, ich muss. Ich habe Jamie versprochen, dass ich gleich zurückkomme. Eigentlich wollte ich ihm nur unten im Zigarrenladen ein paar Comichefte holen. Er wird die Polizei rufen, wenn ich nicht bald wieder da bin.«

»Oh«, sagte er eifrig, »ich habe zu Hause viele Comichefte. Morgen bringe ich Ihnen welche für Jamie mit!«

»Gut«, sagte die Frau, »das sag ich ihm. Er liest gerne Comics.« Sie machte sich auf den Weg.

»Morgen bin ich wieder da und bringe die Hefte mit«, rief er ihr nach. »Ganz viele!«

»Gut«, rief sie zurück. »Bis morgen dann.« Und während er dastand und sie verschwinden sah, dachte er, wie wunderbar es sein musste, eine solche Mutter und einen Hund wie Frisky zu haben. Ja, Jamie war wirklich ein Glückspilz, dachte er. Dann hörte er, wie Miss Julies scharfe Stimme nach ihm rief.

»Teddy, juhuh! Teddy, komm sofort her. Miss Julie hat dich schon überall gesucht. Du bist ein ungezogener Junge, und Miss Julie ist böse auf dich.«

Er drehte sich lachend um und lief zu ihr, rannte, so schnell er konnte, und fühlte sich wie ein Bäumchen, das sich im Wind biegt.

Als er abends aufgegessen und gebadet hatte, machte er sich daran, seine Comic-Hefte zu sortieren. Sie lagen wild durcheinander im Schrank, in einer Kiste aus Zedernholz und im Bücherregal. Bis auf die bunten Heftchen war sein Bücherregal der Inbegriff guter Literatur: *Das Kinderbuch des Wissens, Der Garten der Gedichte für Kinder* und *Die besten Kinderbücher.*

Er konnte dreißig recht neue Hefte auf einen Stapel legen, bevor seine Eltern kamen, um ihm gute Nacht zu sagen. Seine Mutter trug ein langes, geblümtes Abendkleid, hatte Blumen im Haar und war parfümiert. Er mochte ihren stechend süßen Gardenienduft. Sein Vater trug seinen Smoking und einen hohen Seidenhut.

»Was willst du denn mit all den Heften?«, fragte ihn seine Mutter.

»Die sind für einen Freund«, sagte Teddy und hoffte, sie würde nicht nachfragen. Das Ganze wäre nicht so geheimniskrämerisch und aufregend, wenn seine Mutter Bescheid wüsste.

»Komm schon, Ellen«, sagte sein Vater ungeduldig. »Der Vorhang hebt sich um halb neun, und ich bin es leid, immer erst in der Mitte der Vorstellung anzukommen.«

»Gute Nacht, Schatz!«

»Gute Nacht, mein Sohn.«

Er warf ihnen noch eine Kusshand zu, bevor sie die Tür hinter sich schlossen. Dann wandte er sich schnell wieder seinen Heften zu. Er nahm das Packpapier, in das sein neuer Anzug eingewickelt gewesen war, und packte die Hefte umständlich darin ein. Es wurde ein großes Paket. Er verschnürte es mit dickem, rauem Bindfaden. Dann trat er einen Schritt zurück und betrachtete es. Irgendetwas stimmte nicht, fand er. Es war nicht raffiniert genug; es sah nicht wie ein Geschenk aus.

Er ging zu seinem Tisch, wühlte in einer Schublade und nahm eine Schachtel Buntstifte heraus. Abwechselnd mit Rot und Grün schrieb er in Druckschrift »DIES IST«, dann wechselte er zu Blau und Rot, »FÜR JAMIE – VON TEDDY«.

Zufrieden versteckte er das Paket, bevor Miss Julie hereinkam, um das Fenster zu öffnen und das Licht auszuknipsen.

Bevor sie am Tag darauf in den Park gingen, nahm er seinen Bollerwagen von Red Sky Chief, legte das Paket hinein und bedeckte es mit Spielsachen.

Als sie den Park erreichten, spürte Teddy, dass er Miss Julie mit links loswerden würde. Sie hatte ihr bestes Kleid angezogen, war ganz aufgeregt und trug noch mehr Lippenstift als sonst. Teddy wusste, dass sie im Park Officer O'Flaherty erwartete. Officer O'Flaherty war Miss Julies Verlobter, zumindest sah Miss Julie das so.

»Lauf du nur los, Teddy, und amüsier dich, aber denk dran, Miss Julie wartet am Spielplatz auf dich.«

So schnell er konnte, rannte er zum Springbrunnen. Mit dem Bollerwagen konnte er keine Abkürzung nehmen; er polterte hinter ihm her.

Er erblickte Frisky und die Frau, die auf einer Bank saß.

»Pünktlich auf die Minute, wie ich sehe«, lachte sie, als sie ihn sah.

Er zog sein Wägelchen neben die Bank, warf die Spielsachen beiseite und präsentierte voller Stolz das große Paket mit den Comicheften.

»Oh«, rief sie, »das ist aber ein großes Paket! Die kriegt Jamie ja nie durch. Da wird er sich aber freuen, Teddy. Komm her, dafür bekommst du einen Kuss.«

Er errötete, als sie ihn auf die Wange küsste.

»Du bist ein lieber Junge«, sagte sie sanft, stand auf und schloss den Mantel. »Wir mussten Jamie gestern Abend ins Krankenhaus bringen.«

»Heißt das, er kann die Comics gar nicht lesen?«, fragte Teddy ängstlich.

»Doch«, lächelte sie, »doch, natürlich – das wird ihn ablenken. Sorgen macht mir nur, ob ich sie alle tragen kann.« Sie nahm das große Paket und seufzte erschöpft. Frisky sprang herum und zerrte an der Leine, sodass sie das Paket fast fallen gelassen hätte.

»Lass das, Frisky«, rief Teddy.

»Noch mal vielen Dank, Teddy. Ich kann heute nicht länger bleiben.« Sie winkte und ging den Weg entlang. Frisky wollte zu Teddy zurück.

»Kommen Sie morgen wieder?«, rief Teddy.

»Das weiß ich noch nicht – vielleicht«, rief sie zurück; dann bog sie um eine Ecke und verschwand.

Er wollte ihr nachlaufen, mit ihr ins Krankenhaus gehen und Jamie besuchen, mit Frisky spielen, sich noch einmal von ihr auf die Wange küssen und »lieber Junge« nennen lassen. Stattdessen ging er zum Spielplatz, wo er Miss Julie traf und nach Hause ging.

Als er am nächsten Tag in den Park kam, ging er direkt

zur Bank, aber es war niemand da. Er wartete anderthalb Stunden und bekam ein flaues Gefühl im Magen, weil ihm nach und nach aufging, dass sie nicht kommen würde – dass sie nie mehr kommen würde und dass er sie und Frisky nie wiedersehen würde. Er hätte weinen mögen, erlaubte es sich aber nicht.

Der nächste Tag war ein Sonntag, und er konnte nicht in den Park gehen. Am Morgen ging er in die Kirche. Dann kam seine Großmutter zu Besuch, und sie war seinetwegen ganz aus dem Häuschen.

»Ellen, wenn du mich fragst, ist das Kind krank! Der Junge hat sich den ganzen Nachmittag so komisch aufgeführt. Ich wollte ihm Geld geben, damit er sich eine Limonade kaufen kann, und er hat gesagt, er möchte keine. Er hat gesagt, er möchte einen Hund haben, einen Drahthaarterrier, den er Frisky nennen möchte. Findest du das nicht absonderlich?«

Am Abend versuchte sein Vater ihn dann auszuhorchen.

»Sohn, fühlst du dich nicht gut? Du kannst es mir ruhig sagen, wenn etwas nicht stimmt.«

Teddy verzog den kleinen Mund. »Na ja, Papa, es geht um einen Hund, einen kleinen Hund namens Frisky – einen kranken Jungen und seine Mutter – Jamie – er –«

Seine Mutter kam an die Tür. »Bill, wenn wir noch zu den Abbotts fahren wollen, beeilst du dich lieber. Wir werden um sieben zum Cocktail erwartet.«

Sein Vater stand auf, sah auf die Uhr und sagte: »Wir sprechen ein andermal darüber, mein Sohn.« Dann gingen sie, und kurz darauf hörte Teddy die Wohnungstür ins Schloss fallen.

Er lag ausgestreckt auf dem Bett und weinte, als Miss Julie hereinkam. Sie war ganz aufgeregt und hatte einen hochroten Kopf. Sie umarmte ihn und strich ihm über die Haare. Es war das erste Mal, dass er erlebte, wie sie jemanden tröstete. Einen Augenblick lang mochte er sie fast.

»Rat mal, Teddy! Ach, das errätst du nie! Rat mal!«

Er sah hoch und hörte auf zu weinen. »Ich will nicht raten. Mir ist nicht nach Raten. Meine Mutter und mein Vater haben mich nicht lieb – keiner hat mich lieb – jedenfalls keiner, den Sie kennen.«

Miss Julie schnaubte: »Ach, was bist du doch für ein Dummerchen, Teddy. Ein alberner Junge – na, ich nehme an, die Phase machen wir alle durch.«

Miss Julie und ihre Phasen!

»Aber du hast noch nicht geraten. Na gut, dann sag ich's dir eben so. Mr. O'Flaherty hat mir einen Heiratsantrag gemacht!« Ein strahlendes Lächeln überzog ihr Gesicht.

»Und? Haben Sie angenommen?«, fragte er.

Sie hielt ihm nur die Hand hin, an der ein Silberring mit einem Amethyst steckte. Teddy nahm an, dass das ein Verlobungsring war.

Dann erhob sie sich und eilte in ihr Zimmer. Sie kam an diesem Abend nicht mehr zu ihm, um ihn ins Bett zu stecken und das Fenster zu öffnen.

Am nächsten Morgen wachte er sehr früh auf. Außer ihm war niemand wach, nicht einmal Miss Julie, und weder aus dem Schlafzimmer seiner Eltern noch aus dem des Kindermädchens drang das geringste Geräusch. Leise und vorsichtig zog er sich an. Dann stahl er sich aus der Wohnung und ging den langen Korridor entlang zur Treppe. Er wagte nicht, nach dem Aufzug zu klingeln.

Im Park war es kühl, aber herrlich. Niemand war zu sehen bis auf einen Mann, der auf einer Bank schlief. Er lag zusammengekauert da, schien zu frieren und sah so hungrig und hässlich aus, dass Teddy an ihm vorbeilief und ihn keines zweiten Blickes würdigte.

Er ging zum Springbrunnen und setzte sich auf die altvertraute Bank. Er war fest entschlossen, dort sitzen zu bleiben, bis Frisky und Jamies Mutter kamen, und wenn das den ganzen Tag dauern sollte.

Das Wasser war wunderschön. Er malte sich aus, es sei ein großer Ozean, und er segelte mit einem Schiff darüber hinweg, während im Hintergrund Musiker spielten, ganz wie im Film.

Er hatte schon lange da gesessen, bevor er den ersten Reiter hoch zu Ross erblickte. Er wusste, dass es schon spät war, wenn die Reiter kamen. Nach dem ersten kamen sie schnell und in Grüppchen. Er zählte sie, während sie vorbeiritten. Er hatte schon viele Berühmtheiten durch den Park reiten sehen, aber wenn Miss Julie ihm nicht erklären konnte, wer sie waren, konnte er sie nicht von einfachen Leuten unterscheiden.

Dann kamen die Kinderwagen und die Kindermädchen. Es war fast zehn Uhr. Die Sonne war strahlend hell am Himmel emporgestiegen. Ihr warmes Licht machte schläfrig, und er spürte, wie er eindöste.

Plötzlich hörte er Jaulen und Kläffen. Ein kleiner Drahthaarterrier sprang neben ihm auf die Bank.

»Frisky«, rief er, »Frisky – du bist es wirklich!«

Am anderen Ende der Leine war ein großer, hagerer Mann befestigt. Teddy sah verwirrt zu ihm hoch.

»Wie heißt du, mein Sohn?«, fragte der Fremde.

»Teddy«, sagte er leise und eingeschüchtert.

Der Mann gab ihm einen Umschlag. »Dann ist das hier wohl für dich.«

Teddy riss den Umschlag beklommen auf. Die Notiz war in einer anmutigen Langschrift geschrieben worden. Es fiel ihm schwer, sie zu entziffern.

Lieber Teddy,

Frisky ist für Dich.
Jamie hätte gewollt, dass Du ihn bekommst.

Das Blatt war nicht unterschrieben. Teddy starrte es lange an, bis er nichts mehr erkennen konnte. Er legte den Arm um den Hund und drückte ihn an sich, so fest er konnte. Irgendwie würde er es Mama und Papa schon erklären.

Dann fiel ihm der Mann ein. Er sah hoch, sah sich um, aber der Mann war verschwunden, und er sah nichts als den Weg, die Bäume, das Gras und den Springbrunnen, der in der Morgensonne glitzerte.

ANDRÉ HELLER

Als ich ein Hund war

Als ich ein Hund war, warfen häufig Kinder Steine nach mir. Aber die Steine sprachen mit lauter Stimme, während sie mich verletzten. Von den Schlupfwinkeln der Cobras war die Rede und ob Heuschreckenplagen bevorstanden. Ich weiß nicht, ob Steine aufrichtig sind. Es heißt, daß sie ihr Wissen von der Sonne beziehen. Hitze bringt ihnen Neuigkeiten und Maßstäbe, um Torheiten von Nützlichem zu unterscheiden. Ein Hund ist zumeist auf Vermutungen angewiesen. Gewiß ist nur, was man zwischen den Zähnen spürt, und die kurze Freude im Sprung. Ein wenig hilfreich sind Gerüche, um Unheil rechtzeitig zu wittern, aber das tiefste Erschrecken kommt immer ohne Warnung aus irgendeinem blinden Winkel. Und wenn es einen nicht das Leben kostet, zittert man noch Tage danach.

Hunde (die aus den Vorstädten meine ich, wo die Siedlungen der Menschen an Weizenfelder mit Kakteenzäunen grenzen) streunen im Wachen stets um bildlose Hoffnungen. Ein Gefühl beherrscht dich, daß du nicht sein müßtest, wer du bist, und Besseres möglich wäre, wenn man etwas täte, wovon niemand weiß, was es sein könnte. Im Schlaf kommt dann ein Ratgeber, der stumm ist. Und die Luft ist voll mit Gebell von Tieren, die ihrer Natur gemäß singen müßten. Kein Hund ist wie ein anderer, und Zugehörigkeiten hat es zu meiner Zeit nicht gegeben.

Aus Fez stammt ein Verdacht, daß Fisch besser schmeckt als das Fleisch von Eseln. In meiner Gegend gab es keine Fische, und erst kurz vor dem Ende sah ich etwas aus dem Ozean, das Muschel heißt und von der Festigkeit her Knochen ähnelt. Nur zerschneidet es den Bauch desjenigen, der es schluckt. Gott bin ich oft begegnet. Er wohnt in den Tonkrügen des Haffiz und stellt sich ungeschickt an, so daß sie oft zerbrechen.

»Wo Scherben sind, ist Gott«, sagen die Hunde. Die Menschen machen soviel Aufhebens um den Sinn der Dinge. Immer ringen sie um einen Ausdruck. Und bitten um Führung.

Als ich ein Hund war, regierte ein Sultan, der an die Stelle des Sinns trat, und vielen ward deshalb leicht ums Herz.

Ich habe aufgeschrieben, was ich erinnere. Wer es brauchen kann, dem soll es gehören.

HORST PILLAU

Hund mit Scheck

Er war Berufskiller und Auftragsmörder. Max Krikowski mordete professionell, ohne Gewissensbisse oder gar Reue. Mit jedem Mord verdiente er sein Geld, gutes Geld, seines und Annas. Er brachte jeden Monat einen Menschen um oder auch zwei bis drei, wenn es der Stoff erforderte. Er war Fernsehautor, spezialisiert auf Krimis. Mit seinen Leichen hatte er sich einen guten Namen gemacht und war gefragt in der Branche. Es war kein leichter Beruf. Er saß sechs bis sieben Tage in der Woche am Schreibtisch und dachte sich Gewalttaten aus, Morde zum Nachteil der Opfer. Es amüsierte ihn, wenn er Schauspielern oder Kleindarstellern begegnete, die er einmal umgebracht hatte. Max Krikowski war ein zuverlässiger Autor in der Branche. Er war jahrelang Polizeireporter bei einer Tageszeitung gewesen, er verstand also etwas von Fahndung, Spurensicherung, vom Jargon der Kriminalkommissare und vom Kaliber der Waffen, mit denen all die weiblichen und männlichen Kommissare ahnungslos hantierten.

Max Krikowski badete aber nie in Blut und beschrieb keine bis zur Unkenntlichkeit entstellten Toten, die Fabrikanten von Theaterblut verdienten wenig an ihm. Es ging ihm nicht um Gewalttaten, sondern um die Beweggründe der Mörder.

Er konnte, wie man so sagt, keiner Fliege etwas zuleide tun. Sah Anna eine Spinne an der Wand, machte sie ihn darauf aufmerksam. Dann stülpte er ein Wasserglas über die Spinne, schob behutsam ein Blatt Papier darunter und trug sie hinaus ins Freie. Drei Tage später war die Spinne wieder im Haus, er erkannte sie. Er rettete umhertaumelnde Schmetterlinge aus Hotelhallen und zuckersüchtige Wespen aus dem Schaufenster der Bäckerei. Er wechselte schnell den Fernsehkanal, wenn Robbenbabys auf roter Schneefläche abgeschlachtet oder Thunfische in einer portugiesischen Bucht zusammengetrieben wurden, dann schlugen die Fischer mit Haken auf sie ein, und das Meerwasser färbte sich blutrot. Und die hunderttausendfachen Tierversuche! Es quälte ihn, dass Tiere sogar für Kosmetika gequält oder getötet wurden. Er und Anna bevorzugten Cremes, deren Hersteller versicherten, das sei bei ihnen nicht der Fall: Hoffentlich war das wahr.

Anna und er machten an den Tieren in ihrer Umgebung gut, was sie nur konnten, speziell an Quarto, ihrem West Highland White Terrier, dem kleinen, mürrischen, eigensinnigen, bockigen und verwöhnten Hund mit dem anfangs schneeweißen, im Alter gelbgrauen Fell, der eigentlicher Herr im Haus war. Seinetwegen unterbrach Krikowski mehrfach täglich sein Morden und ging mit dem Hund spazieren, wenn Anna in der Praxis war. Hunde und Schriftsteller verstehen sich, Thomas Mann hatte schließlich auch seinen kurzhaarigen Hühnerhund Bauschan, den Herrchens zweisilbiger Pfiff aufs Äußerste belebte und den der Dichter in seiner Erzählung »Herr und Hund« über viele Seiten detailliert beschrieb. Quartos wegen engagierten sie für ihren jährlichen Zehntage-Urlaub die bewährte Hundesitterin, die nach ihrer Pensionierung und ihrem Wegzug auch noch eingeflogen werden musste, das durften Arbeitslosengeldempfänger nie erfahren, aber eine Hundepension kam nicht in Frage: Quarto könnte vom dritten Tag an denken, sie hätten ihn für immer verlassen.

Krikowski und Quarto hatten ein ernstes, ein existentielles Problem miteinander – den täglichen Posteingang. Quarto, wie die meisten Hunde, hasste den Briefträger. Er begann zu kläffen, wenn er das quietschende Fahrrad hörte, er raste vor Wut, wenn der Deckel des Briefschlitzes klapperte und Briefe, Karten und Prospekte eingeworfen wurden. Er verteidigte sein Heim. Kein Wunder, dass pro Jahr dreitausendvierhundert Zusteller von Hunden gebissen werden. Und Quartos Bisse waren besonders unangenehm. Schäferhunde und Doggen beißen höher. Terrier gehen an die Waden. Da fransen die Wundränder eher aus. Krikowski tat alles, um Hund und Postbeamten zu trennen. Die Post, die Post war für ihn ein tägliches Weihnachten, auch wenn mitunter unerfreuliche Briefe darunter waren.

Aber einmal hatten sie vergessen, vorsorglich die Dielentür zu schließen, Quarto schoss sofort zur Haustür hin und begann wütend, die einlaufenden Briefe noch in der Luft zu zerfetzen. Der Autor setzte ihm erbittert nach, aber vergeblich. Drei Briefe waren zerrissen, darunter einer mit einem Scheck über fünfzehntausend Euro, die Ablieferungsrate für sein neues Drehbuch. Der Produzent war alt und starrsinnig, er versandte immer noch eigenhändig unterschriebene Schecks, statt den Betrag zu überweisen –

wenn er sie überschrieb. Der Scheck war zu einem Puzzle geworden. Der Autor erschrak. Der Produzent war geizig, es konnte sein, dass er keinen zweiten Scheck ausstellen würde, bezahlt sei bezahlt. Sie berieten. Dann setzte sich Anna an den Küchentisch und begann, sorgsam und geduldig die Schnipsel des Schecks auf einem Papierblatt DIN-A-4 zusammenzusetzen und aufzukleben. Sie hatte auch den Mut, mit dem grotesken Produkt zur Bank zu gehen. Die Schalterbeamtin holte ihren Chef, und der holte seinen Chef. Aber die Banker, ungeachtet ihres sonstigen schlechten Rufs, lächelten, verstanden, glaubten ihr und schrieben den Krikowskis den vollen Betrag auf ihrem Girokonto gut.

Max atmete auf. Er hatte Ärger genug mit seinen Auftraggebern. Arme Sender ruinierten ihm gute Bücher mit schlechten Besetzungen. Reiche Sender besetzten den Mörder immer mit dem prominentesten Schauspieler, und so wusste der Zuschauer von Anfang an, wer geschossen, gewürgt oder zugestochen hatte. Halbe und ganze Drehbücher wurden ohne sein Wissen von unbegabten Regisseuren umgeschrieben und verschlimmbessert, nur weil sie sich ein Zusatzhonorar verdienen wollten, aber die Fernsehkritiker lasteten dann ihm, Krikowski, die Fehler und Schwächen des Buches an. Originelle Stoffe wurden ihm abgelehnt, die dann ein Jahr später als geistiges Eigentum eines anderen Autors auftauchten. Sogar er, der Experte, wurde bisweilen aus einem Projekt ausgebootet. Eine Krimiserie wurde ihm nach den ersten drei Folgen wegen angeblich schlechter Qualität weggenommen, und die weiteren Folgen, mit seinen Figuren, übernahm die schreibende Ehefrau des Fernsehredakteurs. Hervorragende, ungewöhnliche Geschichten wurden ihm mitunter als banal abgelehnt, das nahm er gelassen hin, denn zwei Jahre später gab er den Personen andere Namen, und das erneut eingereichte Drehbuch wurde diesmal mit großem Lob akzeptiert. Fernsehpreise halfen nichts, schlechte Quoten schadeten.

Früher, da kamen die Redakteure angereist, um ihm zu erklären, die Figur des Vaters müsse noch tiefgründiger, subtiler, zwielichtiger und differenzierter angelegt werden, nun riefen sie nur an, um zu sagen, es müsse unbedingt nach zwei Minuten vierzig ein roter Sportwagen einer bestimmten Automarke durchs Bild fahren. Das ignorierte er aber einfach, und es hatte bisher keine Folgen. Das Schreiben machte ihm weiterhin Freude, aber es war kein leichter Beruf.

Dann wurde der Hund alt, sechzehn Jahre waren ein hohes Hundealter, Quarto als Greis konnte sich kaum noch bewegen und musste sich, die Hinterläufe nachziehend, in den Garten schleppen, statt mit Krikowski spazieren zu gehen und an der Leine zu zerren. Zweimal war Anna mit ihm bei der Tierärztin, um ihm die erlösende Spritze geben zu lassen, sie kehrte aber mit dem lebenden Hund nach Hause zurück, weil sie es nicht über sich brachte, ohne ihn heimzukommen. Beim dritten Mal hatten sie keine Alternative.

Danach trauerten sie lange, und sie schworen sich: Nie wieder ein Hund! Man spart die Hundesitterin, Hundesteuer, Hundefutter, die Tierärztin, Medikamente, man kann jederzeit verreisen und muss nicht, selbst schon mit

Arthrose geschlagen, viermal am Tag bei Wind und Wetter hinaus, immer in Angst, der Hund könne einer läufigen Hündin nachsetzen und in ein Auto laufen. Vor allem aber: Der Hund könnte sie beide überleben, und was dann?

Sie trösteten sich ein wenig mit den Nachbarskatzen Einstein und Cleopatra, schönen, sanften, schwarzen Tieren, ganz anders als Hunde, aber durchaus auch Partner des Menschen. Katzen sind irgendwie hintergründiger, undurchschaubarer. Die Katzen kamen und kratzten an der Terrassentür, wenn ihre Besitzer im Geschäft waren und sie Hunger verspürten oder wenn es kalt war. Sie bekamen Katzenfutter, und dann schliefen sie stundenlang in einem der Wohnzimmersessel oder auf Krikowskis Schreibtisch, und er hatte eine Zwangspause vom Dichten. Ab und zu legten sie zum Dank einen toten Singvogel als Geschenk vor die Terrassentür, aber das war nun mal ihr Raubtierinstinkt, und das mussten die Krikowskis akzeptieren. Katzen waren auch nicht dumm. Wenn die Tierärztin zur jährlichen Impfung anrückte und in den Hof einfuhr, waren die Katzen für Stunden verschwunden. Krikowski überlegte, ob er die beiden in eine Mordgeschichte einbauen sollte, dann verwarf er das wieder, es gab ja schon einen Autor, der fast nur über Katzen schrieb und mit ihnen hohe Auflagen erzielte.

Dann machten sie endlich wieder einmal Urlaub, die Kinder waren längst aus dem Haus und nun auch der Hund, Krikowski wollte vierzehn Tage lang nicht mit Kommissaren und Ermordeten zu tun haben, Toten mit tiefgefrorenen, starren Gesichtern und mit einer verrosteten Schlagfalle um die linke Wade im See unter der Eisfläche. Sie saßen im Juni arglos, bei wolkenlosem Himmel und sechsundzwanzig Grad Celsius, im Café Kutes am Fischereihafen, sahen auf die Boote hinaus, auf das ferne Samos im Dunst und tranken Apfeltee. Anna machte sich zu einem Bazarbummel auf, sie hatte im Schmuckladen an der Stadtmauer einen wunderschönen Ring fast auf den akzeptablen Preis heruntergehandelt, heute würde sie ihn kaufen und dann mit dem Juwelier einen türkischen Mokka trinken, während er, Krikowski, die gerade eingetroffenen deutschen Zeitungen von gestern las.

Dann lief einer der vielen frauen- oder herrenlosen und hungrigen, manchmal einäugigen türkischen Hunde durch die Tischreihen, blieb an seinem Tisch stehen und sah zu ihm hinauf. Er hatte noch beide Augen, und Krikowski dachte spontan: Mit dem Zweiten sieht man besser. Eine Mischung aus Dackel und Dogge oder aus Dobermann und Spaniel, Schnauzer und Spitz oder auch Setter. Der Hund war größer als Quarto, struppig und mager, er hatte ein, na ja, liebenswertes Gesicht und noch beide, na ja, gefährlich schöne Augen, zuckte aber ängstlich zusammen und machte einen Satz zur Seite, wenn einer der Cafégäste nur die Hand hob, um den Ober herbeizuwinken. Krikowski warf dem Hund den Keks von der Untertasse zu, und der Hund fraß ihn gierig.

Das war ein Fehler, Krikowski wusste es sofort. Der Hund blieb nun an seinem Tisch, suchte ausdauernd und auf raffinierte Weise Augenkontakt und legte sich schließlich zu seinen Füßen hin. Hunde spüren es, wenn Menschen Hunde mögen, auch wenn sie ausländisch sprechen. Der Autor verfluchte sich.

Das war ein Fehler.

Kein Hund. Nur kein Hund.

Aber der amerikanische Filmstar und Hundebesitzer Richard Gere hatte einmal gesagt: Mein Hund und ich, wir vibrieren auf derselben Welle, ohne Ziel.

Trotzdem, um keinen Preis noch einmal im Leben ein Hund.

Aber Richard Gere: Ich bekomme zu keinem Zeitpunkt das Gefühl, dieser Hund wolle etwas besitzen.

Der Hund hier hatte zwar kein schönes Leben vor sich.

Vermutlich sogar ein ziemlich hässliches Ende.

Bitte: kein Hund. Kein Hund.

Gere: Zwischen Hund und Besitzer geht es um die absolute Liebe, Liebe, die nicht an Bedingungen geknüpft ist.

Nie wieder ein Hund. Es reicht.

Wenn die Hunde ihr Fressen und ihr Wasser haben und das Gefühl, ihre Welt befindet sich im Lot, sind sie zufrieden und verströmen diese Zufriedenheit geradezu.

Na und? Na und? Alles hat seine Zeit. Wir hatten ja einen Hund. Sechzehn Jahre lang.

Aber: In diesem sonst so schönen Lande ist der Tierschutz noch nicht ins Grundgesetz aufgenommen.

Trotzdem: Wenn er nachgab, stand ihnen das Ende des sorglosen Urlaubs bevor. Das Hotelpersonal! All die vielen bürokratischen Hindernisse. Das amtliche Seuchenfreiheitsbestätigungszeugnis. Die Flöhe. Der Transport. Der Flug, der Hund dürfte kein erfahrener Flugpassagier sein. Der Zoll. Die Quarantäne. Die Umgewöhnung. Das Klima nördlich der Alpen. War er bissig? Würde sich ein Hund mit Migrantenherkunft bei ihnen einleben?

All die Verpflichtungen, die so ein lästiges Haustier dann wieder mit sich brachte. Hundekrankheit, Hundeunfall, entlaufener Hund. Suche nach dem Hund. Das Ende der Freiheit, der Ungebundenheit. Das mögliche Überleben des Hundes nach Annas und seinem Tod. Und: Was würde Anna sagen, wenn sie gleich mit ihrem Ring zurückkam? Der Ring würde ihren Protest nicht verhindern. Krikowski kämpfte um seine Freiheit und um einen sorgenlosen Urlaub.

Er ignorierte den Hund.

Der Hund sah zu ihm hinauf.

Es heißt immer, Hunde ertragen den intensiven Blick eines Menschen nicht lange – dieser schon.

Krikowski vertiefte sich in die Zeitung.

Er schielte nach unten.

Der Hund blieb liegen.

Der Autor wurde nervös. Warum gerade er?

Er versuchte, den lästigen Hund mit groben Armbewegungen wegzuscheuchen. Der Hund blieb liegen.

Ach was. Irgendwann würde sich der verdammte Köter trollen, zum nächsten Tisch laufen, schon aus Hunger.

Es war ein Zweikampf, aber er, Krikowski, würde gewinnen. Er ließ sich nicht durch ein treuherziges, sehnsüchtiges und ihm völlig fremdes Hundegesicht um seine Freiheit bringen, um seine und Annas. Um die angenehme Ungebundenheit, die sie nun endlich hatten.

Er nahm sich vor, erst noch den ausführlichen Wirtschaftsteil zu lesen, das Feuilleton, den Sport und die Seite »Aus aller Welt«, bevor er wieder einen Blick nach unten werfen würde, dann würde diese unglückselige, zu vorzeitigem Tod verurteilte Kreatur endlich verschwunden sein. Er las diszipliniert Wirtschaft, Kultur, Sport und Vermischtes, auch viele Beiträge, die er sonst nur überflog.

Dann erst gestattete er sich den Kontrollblick.

Der Hund lag noch da. Er hatte seinen Kopf auf die Kappe von Krikowskis rechtem Schuh gelegt.

Und da wusste Krikowski, dass er verloren hatte.

ANNA QUINDLEN

Der Hund kommt – und geht auch wieder

Während Rebecca die Schnellstraße entlangfuhr – raste, floh –, die nördlichen Ausläufer von New York bald hinter sich ließ und nur bei einem Bauernmarkt hielt, wo sie Mais, Tomaten und Bohnen kaufte, verirrte sich ein Hund auf ihr Grundstück und schnüffelte an den Grundfesten des Häuschens herum. Von der Haustür aus, wo es irgendwie nach Suppe roch, arbeitete er sich bis zur Gartentreppe vor. Dort lag ein Muffinkrümel im Gras – Rebecca hatte den Muffin vor dem Aufbruch im Stehen verzehrt, an den Türrahmen gelehnt, und dabei in den Wald hineingespäht, um die Quelle eines ungewohnten Knackens ausfindig zu machen. Unter dem Krümel war eine Ameisenfamilie zugange, soeben im Begriff, ihn hochzustemmen und wegzutragen, doch der Hund setzte ihren Bemühungen ein Ende. Dabei verspeiste er nicht nur den Krümel, sondern auch ein, zwei Ameisen. Er war da nicht wählerisch.

Seine offizielle Besitzerin fütterte ihn eher unregelmäßig – so wie sie eigentlich alles unregelmäßig tat. Am einen Tag gab es eine Dose Thunfisch und einen halben Hotdog, am nächsten nichts. Am einen Tag wurde er ausgiebig gestreichelt und hinter den Ohren gekrault, am nächsten wurde ihm keinerlei Beachtung mehr geschenkt, und gelegentlich wurde sogar ein Kissen nach ihm geworfen, oder er bekam einen Tritt, dem sich aber leicht ausweichen ließ. Der Hund hatte mehrere Stationen durchlaufen, seit er vor vier Jahren in einer Scheune unweit der Bezirksgrenze zur Welt gekommen war, das Resultat einer Romanze zwischen einer Mutter, die größtenteils aus Coonhound und Labrador bestand, und einem Vater, der halb Golden Retriever, halb Schäferhund war. Herausgekommen war dabei ein wuscheliger, hellbrauner Zottelhund mit starken Brauen und buschigem Schwanz, wie man ihn gelegentlich in Filmen oder Comedyserien als Pausenclown sieht, auf dem Land aber eher aus sehr konkreten und wenig feinfühligen Gründen antrifft.

Sein erster Wohnort war ein verfallener Bungalow gewesen. Ein Highschool-Pärchen hatte sich dort ein Meth-Labor eingerichtet und brauchte einen Wachhund, damit sie weder von der Konkurrenz noch von den Bullen überrascht wurden. Sie legten den Hund an eine Kette, die außen an der Garage festgemacht war, und den Winter über bellte er den ganzen Tag, weil er so fror. Zu seinem Glück riss eines Nachts, als die Temperatur unter den Gefrierpunkt sank, die Kette von der Kälte entzwei, und er verschwand in der Dunkelheit, frei bis auf fünf Kettenglieder, die zwischen seinen Vorderpfoten auf den Asphalt klatschten.

Ein Schulbusfahrer, der gerade von seiner morgendlichen Fahrt zur Middle School zurückkam, las ihn auf und brachte ihn ins Tierheim, wo nur ein Zwinger voll niedlicher Welpen zwischen ihm und der todbringenden Spritze stand, doch dann wurde er von einer Krankenpflegerin adoptiert, deren alter Vater sich von einer Prostata-Operation erholte und Gesellschaft brauchte. Es war ein schönes, warmes Haus, doch der alte Mann döste die meiste Zeit auf dem Sofa, während im Hintergrund der Fernseher lärmte, und ein Hund hat schließlich seine Hundebedürfnisse, und nachdem es einmal zu oft passiert war, brachte die Frau ihn ins Tierheim zurück. »Von wegen stubenrein«, fauchte sie die Mitarbeiterin am Empfang an, der Hund zog den Schwanz ein, ließ den Kopf hängen und wurde als Wiederholungstäter zurück in den Zwinger geführt.

Zwei Tage später verließ er das Tierheim mit einem Mann, der behauptete, er suche einen Familienhund – auf der Karteikarte des Hundes stand nach wie vor »stubenrein«, was ja auch stimmte, solange er sich irgendwo befand, wo er nicht nur alle zwölf Stunden einmal rausgelassen wurde –, der aber eigentlich einen Hund zum Jagen wollte. Er war aus einem New Yorker Vorort in die Gegend gezogen und hatte keine Ahnung vom Jagen, geschweige denn von Jagdhunden, sonst hätte er gemerkt, dass der Hund ein schlechter Kandidat dafür war: Der Golden Retriever in ihm besaß keinerlei Aggressionspotenzial, der Schäferhund zu viel. Der Einfluss der Coonhound- und Labrador-Anteile war zu gering, und zu allem Überfluss hatte der Hund auch noch Angst vor Schüssen. Als der Mann zum ersten Mal vergeblich versuchte, eine Ente zu erlegen, flüchtete der Hund in den Wald hinein und rannte, bis er glaubte, sein Brustkorb müsse vom Hämmern seines Herzens und vom Pumpen seines Blutes platzen. Als er schließlich zu einem aufgemöbelten Wohnwagen kam, der mit seinen weißen Außenwänden, den schwarzen Fensterläden und dem Ziergitter um das Fundament im schwindenden Licht fast wie ein kleines Haus aussah, ließ er sich einfach ins Gras fallen und schlief heftig keuchend ein.

Angesichts des Geisteszustands der Frau, die dort wohnte, war es nur logisch, dass sie ihn für ihren Hund hielt, und angesichts seiner Geschichte war es genauso logisch, dass der Hund der ganzen Sache gegenüber skeptisch blieb. Vielleicht war das jetzt sein Zuhause, vielleicht aber auch nicht. Das hing ganz davon ab, wie unregelmäßig die Mahlzeiten noch wurden, wie oft er getreten wurde, wie oft die Tür in kalten Nächten verschlossen blieb und wie oft er sich in einer Ecke des Sofas zusammenrollen durfte, der mit dem Kissen, das nach Kokosöl und Schweiß roch. Er verlangte nicht viel, weil er gewöhnt war, nicht viel zu bekommen, und er hatte gelernt, sich erst zu binden, wenn die Grundbedingungen geklärt waren. Deswegen war er jetzt den diversen Duftspuren – einem warmen Geruch nach Mensch, nach Toastbrot, reifem Käse, nach Vogelkot, Rotwildkot, Bärenkot – den Berg hinauf bis zu dem kleinen Haus gefolgt. Seine Nase war nun einmal endlos viel feiner als eine Menschennase, weswegen es schon vor Einbruch der Kälte eine Qual für ihn gewesen war, im Windschatten eines Meth-Labors zu leben. Er roch die schwachen Duftspuren des längst verblichenen Waschbären und sogar noch ein letztes Restchen Gewehrpulver, was ihn nervös machte. Der Geruch, der ihn wieder beruhigte, ohne dass er ihn hätte benennen können, stammte von den sonnenwarmen Pfirsichen, die in einer Schüssel auf dem Tisch standen, und von einem übrig gebliebenen Scone.

Rebecca hätte auf Nachfrage wahrscheinlich von sich behauptet, kein Hundemensch zu sein, aber hätte sie das irgendwem im Ort erzählt, hätte vermutlich keiner verstanden, was sie damit meinte, bis auf die Paare aus der Großstadt vielleicht, die nur am Wochenende kamen. Auf dem Land musste man nicht viel investieren, um einen Hund zu halten, weder Geld noch Gefühl: nur ein Stück Wäscheleine, einen Zehn-Kilo-Sack mit billigem Trockenfutter und eine Hundehütte, die so hoch stand, dass im Winter nicht allzu viel Schnee hineinkam. Die Anwohner hatten eine pragmatische Einstellung zu ihren Tieren, was die Großstadtmenschen oft herzlos fanden. Dann saß im Wartezimmer der Tierklinik vielleicht ein Pärchen aus Tribeca mit einer streunenden Katze, die sie mit nach Hause zu nehmen gedachten, sobald sie entwurmt, entkrallt, geimpft und sterilisiert und damit eines Großteils dessen beraubt war, was sie eigentlich zur Katze machte, und der Tierarzt kam aus dem Behandlungszimmer und sagte zu dem Mann, der gegenüber hockte und pausenlos den Reißverschluss seiner alten Wachsjacke auf und zu zog: »Mr. Jensen, Rufus hat einen doppelten Beinbruch, es wird mindestens 600 Dollar kosten, das wieder zu richten.« Und Mr. Jensen drehte die Wollmütze in den Händen, dachte an die kaputte Regenrinne, die Gaspreise und die jahreszeitbedingte Auftragsflaute und erwiderte traurig: »Na, dann müssen Sie ihn wohl einschläfern.« Manche Landbewohner nahmen den Hund auch wieder mit nach Hause und kümmerten sich selbst darum, unter Zuhilfenahme einer Schrotflinte. Das kam billiger als die Spritze. Dann gingen sie ins Tierheim und holten sich einen neuen Hund. Häufig gaben sie ihm auch denselben Namen wie dem alten, um die Sache einfacher zu machen.

In der Stadt war das anders, weshalb auch Rebecca von sich glaubte, kein Hundemensch zu sein. Sie war in einem Haus mit lauter älteren Nachbarn aufgewachsen und hatte dort nur zwei Gruppen von Frauen kennengelernt: die, denen die Gesichtszüge entgleisten, sobald sie eines Hundes ansichtig wurden, vor allem in der Eingangshalle, die erbitterte Kämpfe ausfochten, um alle Hunde in den Lieferantenaufzug zu verbannen, und sich in die äußerste Ecke des Fahrstuhls drückten oder ihn gar nicht erst betraten, wenn ein Hund mitfuhr, vor allem diese Schäferhunde, furchterregende Tiere. Und dann die anderen, die Hunde besaßen und dazu noch einen gewaltigen Vogel hatten. Sie zogen ihren Hunden karierte Jäckchen an, redeten in Babysprache mit ihnen und bezeichneten sich selbst nur noch als Gingers oder Poppys Frauchen. Die Frau in der Wohnung direkt nebenan hatte auf dem Kaminsims im Wohnzimmer eine Reihe von Urnen stehen, von denen jede die Asche eines Pekinesen enthielt. Als sie starb und ihre Kinder die Wohnung ausgeräumt hatten, standen die Urnen immer noch da, und der Hausmeister packte sie in eine Kiste und schmiss sie in den Müll.

Selbst als Rebecca einen Sohn hatte, der, wie alle Kinder überall auf der Welt, beharrlich um ein Haustier bettelte, »Ich kümmere mich auch drum, ehrlich, bittebittebitte«, versagten die Umstände ihr doch den Hund, weil Peter eine Hundeallergie hatte. Was, wie sie feststellen musste, als sie zum ersten Mal mit ihm nach England fuhr, dort einer Verirrung gleichkam, für die man sich richtiggehend schämen musste und der Peters Vater damit begegnet war, dass er stets zwei hellbraune Labradore hielt und seinem Sohn erklärte, damit müsse er klarkommen. Das hatte Peter auch seinen Schulspitznamen »Schniefer« eingebracht, von dem Rebecca ebenfalls auf dieser Reise erfuhr, weil ihn praktisch alle seine alten Freunde so nannten. Es veränderte ihren Blick auf ihn, und eine Zeit lang war sie äußerst fürsorglich, bis er sie schließlich im Zug nach London fragte: »Hat es eigentlich einen Grund, dass du ausgerechnet jetzt anfängst, mich zu behandeln, als wäre ich todkrank?« Zu viel Zuwendung machte Peter unwirsch.

Als Ben sechs war, hatte sich Peter natürlich längst der neuen Frau und der neuen Familie zugewandt, doch irgendwie hatte sich die Hundefrage für ihren Sohn bald wieder erledigt und wurde von Wünschen nach Videospielen und Computerausrüstung verdrängt. Und Rebecca war froh, an eisigen Wintertagen morgens gemütlich mit Kaffee und Zeitung am Tisch sitzen bleiben zu können und nicht, mit Stiefeln und Schal bewaffnet, einen renitenten Terrier auf die Straße zerren und dann die Handschuhe ausziehen zu müssen, um seine Hinterlassenschaften mit einer Plastiktüte aufzulesen.

Die Hinterlassenschaften unseres Hundes hatte nie jemand aufgelesen. Man könnte sogar sagen, dass es umgekehrt war und er hinter den Menschen herräumte, dass er es war, der sauber machte, wenn der alte Mann beispielsweise Milch verschüttete, die dann an der Anrichte herunterlief, und Müsli auf den Boden krümelte, oder wenn der Frau in dem weißen Wohnwagenhaus wieder einmal der Müll über den Kopf wuchs und die Tonne überlief. Seine Beziehungen waren rein geschäftlicher Natur: Er gab so viel, wie er bekam, vielleicht auch mehr. Vielleicht sogar viel mehr. Die letzten zwei Wochen in dem kleinen weißen Haus waren nicht sonderlich gut gewesen, seine Hüftknochen traten scharf unter dem sandfarbenen Fell oberhalb des Schwanzes hervor, und sein Bauch war ein nach innen gewölbtes Gefäß, obwohl er selbst ein bisschen mehr Substanz bevorzugte.

»Jack!«, rief eine Stimme von unten herauf, und die Ohren des Hundes stellten sich zu spitzen Dreiecken auf. »Jack, komm her. Komm!« So hieß er, für den Moment wenigstens. Er ließ sich Zeit, folgte einem Wildpfad, hob das Bein an einer mickrigen Kiefer, wo ein Fuchs tags zuvor das Gleiche getan hatte. Er hob die Nase gen Himmel und meinte, eine offene Dose Katzenfutter zu erschnüffeln. Die Frau kaufte ebenso oft Katzen- wie Hundefutter, aber das war ihm gleichgültig, solange es überhaupt etwas zu fressen gab und die Heizung im Haus funktionierte.

In gewisser Weise war es ein Jammer, dass er wieder fort war, als Rebecca ihren Wagen auf der Kiesfläche neben dem Haus parkte. Etwas Ablenkung hätte ihr gutgetan. »Dann bis bald«, hatte sie beim Abschied zu der Rezeptionistin des Seniorenheims gesagt, und die Frau hatte »Ja, hoffentlich bis bald« erwidert, obwohl sie beide wussten, dass es nicht so sein würde. Rebecca war längst aufgefallen, dass sich ihre Bereitschaft, die Eltern zu besuchen, proportional dazu verhielt, wie nah sie ihnen war, sowohl räumlich als auch zeitlich. Die rosa Kopfhaut, die durch das weiche, weiße Haar ihrer Mutter schimmerte, die Packung mit Inkontinenzeinlagen im Bad ihres Vaters. Dazu die Angst, dass sie selbst eines Tages zusammengesackt auf einem Plastikstuhl hocken würde und sich einen Taschenrechner oder ein altes Handy vors Gesicht hielt, weil sie glaubte, es wäre eine Kamera.

»Die glaubt, sie wäre Fotografin«, würde dann eine Pflegerin über sie erzählen und »Schätzchen« oder »Liebchen« zu ihr sagen, auf diese ganz spezielle Art, die nett sein soll, es aber überhaupt nicht ist. Wenn sie ganz großes Glück hatte, sagte vielleicht auch jemand: »Ich habe gehört, sie war früher mal eine berühmte Fotografin.« Im Heim ihrer Mutter gab es eine Ergotherapeutin von den Philippinen, die Rebeccas Mutter einmal flüsternd als »bekannte Konzertpianistin« bezeichnet hatte. Rebecca hätte sie am liebsten gebeten, nicht zu flüstern. Bebe wäre begeistert gewesen, wäre eine solche Bemerkung in ihr Bewusstsein vorgedrungen.

Als Rebecca aus dem Wagen stieg, empfand sie dieses sonderbare Gefühl von Leere, das bei ihr oft die Trauer ersetzte, als wüsste ihr Körper, dass es besser war, gar nichts zu fühlen als das, was das Klavierspiel ihrer Mutter, die Fröhlichkeit ihres Vaters und ihr ständig sinkender Kontostand in ihr auslösten. Außerdem schämte sie sich, weil sie sich nichts mehr wünschte als eine ausgiebige Dusche in der fleckigen Badewanne, um den Geruch wegzuwaschen, der sich bei diesen Ausflügen immer in ihrem Haar und ihren Kleidern festsetzte, den süßlichen Geruch alter Menschen, eine Mischung aus Kleidern, die dringend gewaschen gehörten, sowie den Rückständen von kohlenhydratreichem Essen und Heilsalben. Im Seniorenheim wurde der Geruch vom Desinfektionsmittel überlagert, und in der

Wohnung ihres Vaters war er dank Sonyas regelmäßiger Einsätze mit dem Badeschwamm – die sich Rebecca lieber nicht zu detailliert ausmalen wollte – und eines Waschmittels namens »Bergwiese« oder »Herbstregen« kaum noch wahrzunehmen. Trotzdem war er da, und Rebecca roch ihn noch, wenn sie längst wieder fort war. Mit dem Fuß auf dem Gaspedal hatte sie das Gefühl, vor ihm zu flüchten, vor ihren Eltern und ihren Zukunftsängsten: Was sollte aus ihnen werden, was aus ihr? Sie schwor sich, erst wieder zu ihnen zu fahren, wenn auch sie richtig zurückkehren konnte, in ihre eigene Wohnung und zu etwas geregelteren Arbeitsbedingungen, wie immer die auch aussehen mochten. Nachts malte sie sich aus, ein Café zu führen oder Spenden für ein Krankenhaus zu sammeln – egal was, solange es nur ein regelmäßiges Gehalt dafür gab. Und ein Büro. Sie hatte noch nie in einem richtigen Büro gearbeitet.

Als sie wieder am Haus war – sie brachte es immer noch nicht über sich, von »zu Hause« zu reden –, kam sie sich vor wie eine Weinflasche, in der nur noch ein paar letzte weinsteinige Schlucke sind. Sie weinte selten, obwohl sie wusste, dass es ihr wahrscheinlich gutgetan hätte. Der Hund hätte sie aufheitern oder zumindest ablenken können von ihrem Vater, ihrer Mutter, dem Geld. Aber vielleicht hätte sie ihn auch gar nicht richtig wahrgenommen, so müde und ausgelaugt, wie sie an dem Abend war. Vielleicht hätte sie nicht bemerkt, wie seine schwarzen Augen unter den raupendicken Brauen hervorstrahlten, wie seine Ohren sich aufstellten, wenn irgendwo im Wald ein Reh nieste. Wer weiß, wie alles weitergegangen wäre, wenn der

Hund den Ruf von unten nicht gehört und darauf reagiert hätte, weil er auf Nahrung hoffte? Manchmal passieren Dinge erst, wenn man dafür bereit ist. Das wusste Rebecca Winter nur zu gut und sollte es bald noch genauer wissen.

HALLDÓR LAXNESS

Der Dichter und sein Hund

I

So klein ist die Stadt, daß jedes Kind unter ihren Bewohnern Zeus, den Hund des Dichters, kennt. Sie kamen beide vor einem Jahr aus dem Ausland. Der Dichter hat es durch seine Dichtkunst zu Ruhm gebracht, und Zeus hat sich wegen seines Herrn Beliebtheit erworben.

Ihre Wohnung liegt im ersten Stock eines Hauses in der Hauptstraße. Der Dichter sitzt oft dort, bisweilen mit düsterer Miene, denn es gibt viele Prüfungen in der Welt der Gedanken. Und auf einem Schaffell an der Tür schläft sein Hund, zuverlässig in seiner Treue.

Bisweilen spazieren sie durch die Straßen; Männer lüften den Hut vor dem Dichter. Frauen und Kinder streicheln den Hund, und er wedelt mit dem Schwanz und lächelt so freundlich, wie es nur Hunde können.

Zeus ist schottischer Abstammung; sein Fell ist langhaarig und zottig, und sein Gesichtsausdruck voller Freundschaft, so daß ihm alle die lange Schnauze streicheln wollen; er ist reinlich und höflich wie ein guter Schotte, ein Artistokrat unter den Hunden.

Wenn der Dichter zu einer Gesellschaft eingeladen ist, nimmt er Zeus immer mit, ob das nun den guten Sitten widerspricht oder nicht. Alle heißen Zeus willkommen. Er setzt sich hin und gibt Pfötchen, und auf dieselbe Weise dankt er für die Bewirtung; er macht kaum Fehler. Zum Abschied gibt er Pfötchen. Er weiß, daß es sein Herr so will. Und die Freude Zeus' besteht darin, nach dem Willen seines Herrn zu handeln.

Zeus hat mit dem Bürgermeister und dem Kreisarzt und anderen Honoratioren der Stadt zu Tisch gesessen. Er bellte nicht und schmatzte nicht, sondern nahm dankbar den einen oder anderen Bissen von den Gästen entgegen und fraß ohne Gier. Manchmal warf er seinem Herrn einen Seitenblick zu, als wolle er fragen, ob er auch alles recht mache. War die Mahlzeit beendet, ging er zu den Gastgebern und gab zum Dank Pfötchen. Ein guter Hund ist kaum zu übertreffen, sagen die Leute, ohne darüber nachzudenken, wie wahr sie sprechen.

Einem Hund kann schwerlich größeres Glück zuteil werden als das, dessen sich Zeus erfreut: Er ist seinem Herrn ein Trost in schweren Stunden, die Kinder und die Frauen liebkosen ihn. Die Tochter des Bürgermeisters, ein Mädchen, das so stolz ist, daß es keinen Mann in weniger als drei Ellen Abstand duldet, hat Zeus gestreichelt. Die Kinder des Arztes haben ihn umarmt und geküßt, obwohl sie nicht mit den Nachbarskindern spielen dürfen, weil die einen Hafenarbeiter zum Vater haben.

II

Soweit bekannt war, vergaß Zeus nur einmal seine guten Manieren. Das war auf dem großen Fest beim reichen Grossisten, wo alle Gläser zerschlagen wurden, nachdem der letzte Trinkspruch ausgebracht war. Als das Gläserzerschmettern in vollem Gange war, begann er zu bellen und zu wüten wie eine wilde Bestie und wollte die Leute beißen.

Doch auf eben diesem Fest war Zeus Zeuge, wie sein Herr, erhitzt von den lieblichen Weinen, der Tochter des Grossisten die Hand küßte.

Es fügte sich so, daß das junge Mädchen und der Dichter hinter der Palme saßen und miteinander sprachen, während die Musik spielte. Zeus lag auf dem Boden zu Füßen seines Herrn und hatte die Schnauze auf die ausgestreckten Vorderpfoten gelegt. Zwei weiche Finger strichen über seinen Nacken, und als er aufschaute, traf ihn ein freundlicher Blick, der des Mädchens. Zeus wedelte mit dem Schwanz und lächelte, und das Mädchen sagte zum Dichter:

Schön ist Ihr Hund, Meister Arinbjörn, man kann beinahe Hochachtung haben vor so einem stattlichen Tier. Tiere haben immer viel von dem, der sie aufzieht; ich glaube, daß er das eine oder andere von Ihnen gelernt hat.

Zeus ist mein bester Freund. Und obwohl wir nicht dieselbe Sprache sprechen, verstehen wir einander wie taubstumme Zwillinge. Ich könnte Ihnen viel von Zeus und mir erzählen. Aber die Leute finden Hundegeschichten langweilig.

Nein, ganz und gar nicht, mir machen Hunde so unerhört viel Freude, ich liebe Hunde einfach, und ganz besonders Terrier, sagte das Mädchen. Doch, Sie sollten mir eine Geschichte von Ihrem Hund erzählen.

Ich weiß nicht, wo ich anfangen soll. Der Hund hier ist die Hälfte von mir selbst.

Der Dichter erzählte ihr trotzdem eine Geschichte; er sprach, als erzählte er den Inhalt einer neuen Tragödie; seine Erzählung war farbig, einfühlsam, innig.

Es war neulich, er war tief in Gedanken versunken zu Hause gesessen, er neigte so sehr dazu, vor sich hinzustarren und nachzudenken: Ich habe große Ähnlichkeit mit einem Menschen, sagte er, der auf den Grund des Meeres hinabtaucht, um nach versunkenen Schätzen zu suchen, und der dann, wenn er wieder an die Oberfläche heraufkommt, auf der einen Seite ein Ungeheuer hat, und auf der anderen eine halbverweste Wasserleiche. Ja, das Meer ist schrecklich: Wer es kennt, wagt nie mehr, auch nur einen Finger hineinzutauchen.

Es war an diesem Tag. Er dachte über das Leben und den Tod nach, über Gott und die Menschen, über die Bibel und den Koran, über den Gang der Sonnensysteme und den Lauf der Dinge – und alles, was von Anbeginn der Welt kränkliche Gehirne in den Wahnsinn getrieben hat, fügte er hinzu und lächelte. Er versuchte, dem Mädchen verständlich zu machen, wie er schließlich zu folgendem Schluß gekommen war: In Wirklichkeit sei das Universum bloß Leere und Dunkelheit, abgesehen von diesen ewig leidenden Menschenseelen, die samt ihren Einbildungen geschaffen und vernichtet werden wie jedes andere unbedachte Werk des Zufalls.

Arme Kreatur, sagte ich, du bist wie eine Rose auf einem Grab und kommst nur an die Oberfläche, um zu sterben. Ja, der Einsiedler wird von manch einem trüben Gedanken verfolgt, fügte er hinzu, wie eine Bitte um Nachsicht dafür, daß er sich über den Jammer der Tiefen ausließ, hier an diesem Ort, bei Sonatenklang hinter einer Palme, zwischen Gold und Glas.

Ich saß lange da, wie gelähmt von einem Alptraum, fuhr er dann fort. Mein Gesichtsausdruck muß den bitteren Schmerz in meinem Innern, den Weltschmerz, zu erkennen gegeben haben, denn was, glauben Sie, hat mich zum Tag, zum Lichtstrahl mitten in der tiefen Nacht wiedererweckt? Zeus kam zu mir und leckte meine Hand. Es war, als würde über die Leeren meiner Seele »es werde Licht« gerufen; der Hund hatte meine Hand geleckt, und es geschah ein Wunder: Als wir beide hinausgegangen waren, da schien mir wieder alles, was der Herr geschaffen hatte, sehr gut zu sein.

Ja, ein Hund ist kaum zu übertreffen, sagte das Mädchen wie die anderen.

Auf diese Weise geschah es.

III

Hier überspringen wir einen ganzen Sommer mit Vogelgezwitscher und Ständchen, Liebesabenteuern, Ausflügen in Gottes schöne Natur, und noch vieles mehr überspringen wir; doch glücklicherweise wird dies in berühmten Liebesgeschichten auf das genaueste beschrieben, und wer nicht wagt, seiner eigenen Phantasie zu vertrauen, kann dort nachschlagen.

Nun wird es Herbst, die Luft ist kalt, nachts fällt Reif. Die Pflanzen verwelken, die Blumen verlieren ihre Blätter und legen sich auf die Erde; die Schmeißfliegen richten sich oben in Kirchtürmen zum Überwintern ein. Schwermut überkommt die Menschen, und manche legen sich ins Bett, wenn der Herbst kommt.

Hier sitzt der Dichter in seinem Zimmer und hat den Kopf in die eine Hand gestützt; Zeus leckt die andere. Der Gesichtsausdruck des Dichters ist vom Herbst gezeichnet; möglicherweise läßt er sich vom Hund die Hand lecken, um sich an den Lichtstrahl mitten in der großen Nacht zu erinnern.

Auf dem Flur hört man leichte Schritte; es wird nicht angeklopft, sondern die Tür geht auf, und man betritt das Zimmer des Dichters. Es ist die Verlobte, schön und geschmückt, in einem neuen Pelzmantel, die Verlobte in all ihrer Herrlichkeit. Sei gegrüßt, mein Herzblatt!

Der Verlobte springt auf, als sei er mit einem Male vom Enthusiasmus des Frühlings erfüllt. Doch die Verlobte weicht einen Schritt zurück, als habe sie Angst vor seiner ausgestreckten Hand und seinen liebenden Lippen.

Arinbjörn! sagte die Verlobte. Glaubst du, ich küsse dich, wenn du ganz naß vom Gesabber des Hundes bist? Wasch dich auf der Stelle!

Ich bin nicht naß vom Gesabber des Hundes, antwortete der Dichter, doch er gehorchte und wusch sich das Gesicht und dann die Hände, wie Pilatus, damit keine Gefahr bestand, daß er die Verlobte mit Hundestaupe ansteckte.

Sie schwieg währenddessen, räusperte sich nur mit entfernter Stimme, wie ein Bauchredner oder ein Handwerker auf dem Dach eines Hauses. Sie betrachtete kritisch ein altes Bild an der Wand, ein Bild, das sie übrigens im Frühjahr gelobt hatte, kurz nach dem Fest mit den vielen Trinksprüchen, in den guten Tagen. Als er sich gewaschen hatte, wollte der Dichter sie auf den Schoß nehmen, doch ihre Miene war frostig, und irgend etwas stimmte nicht; schließlich sagte sie:

Ich muß es dir jetzt sagen, ein für allemal, wenn wir jemals als Ehepaar gemeinsam unter einem Dach wohnen sollen, dann tust du gut daran, so schnell wie möglich deinen widerlichen Hund erschießen zu lassen. Ich hätte keine Lust, mit einem Mann verheiratet zu sein, der seine Tage vor allem damit verbringt, sich von Hunden ablecken zu lassen. Ich finde, wir haben uns schon oft genug auf Gesellschaften unmöglich gemacht wegen dieses Hundes, den du immer mitschleppst; ich habe dazu keine Lust mehr.

Bedenke, was du sagst, Soffia. Du weißt, daß Zeus schon seit Jahren mein allerbester Freund ist, in Tagen des Hungers wie des Überflusses, in Kummer und in Freude. Versuche dir vorzustellen, wie niederträchtig es wäre, wenn ich meinen besten Freund erschießen ließe – und der Dichter streichelte wehmütig seinen Hund.

Ja, ich werde versuchen, es mir vorzustellen, sagte sie. Ich danke dir; jetzt weiß ich, daß du mich nie so lieb gehabt hast wie diesen Hund; deswegen ist es am besten, wenn du ihn behältst! Ich gehe. Adieu!

Sie ging auf die Tür zu.

Doch der Dichter ließ sie nicht gehen. Mit uralten, kernigen Worten, glühend von Inspiration, Liebe und Reue, erzählte er ihr die alte Geschichte. Ohne sie könne er nicht leben, auch wenn ihm die ganze Welt gehörte, sie liebe er, liebe er, liebe er; alles, was er habe, werde er opfern, selbst seine Dichtkunst; Soffia, Soffia, Soffia.

Gut, aber du mußt den Hund erschießen lassen.

Soffia, ich muß …; gut, ich werde Zeus wegschaffen, wenn du versprichst – wenn du es zur Bedingung machst für deine Liebe, ich werde den Hund wegschaffen.

So einigte man sich. Kuß.

IV

Es schien, als hätte Zeus verstanden, daß man sich um sein Schicksal stritt. Seine Miene verriet die Verzweiflung, die nur Hundegesichter ausdrücken können, als er vor die Füße seines Herrn kroch, nachdem die Verlobte gegangen war.

Lange starrte der Dichter auf seinen Hund. Schließlich fingerte er flüchtig an seinem Fell herum und seufzte.

Meine Liebe ist mir trotz allem wichtiger als deine Treue. Und zweifellos wird es damit enden, daß ich wegen meiner Liebe deine Treue enttäuschen muß.

Und der Dichter richtete sein Schreibzeug her, nahm eine Feder zur Hand und verfaßte einen Artikel über das Leid.

Die Verzweiflung des Hundes wurde nicht weniger, nachdem sich der Dichter an seinen Schreibtisch gesetzt hatte. Er wimmerte und zitterte, legte seine Pfoten auf die

Knie seines Herrn, sah ihm ins Gesicht, bat ihn um Gnade, wie nur eine stumme Kreatur bitten kann, ein Beben durchfuhr seinen haarigen Körper.

Hund, du störst mich! Geh!

Dann wies der Dichter dem Hund die Tür, gab ihm zum Abschied einen Fußtritt und schlug die Tür zu.

Am Abend traf er seine Verlobte, und sie gingen Arm in Arm südwärts am Teich entlang. Er war philosophisch und sprach vom Sinn des Lebens. Sie langweilte sich.

Er dachte, es würde sie freuen zu hören, daß er den Hund weggejagt hatte. Doch sie antwortete: Du hattest keine andere Wahl.

Weiter wurde die Angelegenheit nicht diskutiert. Als es Zeit war, schlafen zu gehen, und der Dichter zu seiner Wohnung zurückkehrte, lag Zeus zitternd auf der Türschwelle. Es war kalt, der Hund hatte Hunger.

Weg, Hund, weg! sagte der Dichter; dann ging er hinein und legte sich schlafen. Er hatte keine andere Wahl.

V

Einige Tage vergingen.

Und dann wurde dem Dichter allmählich klar, was geschah: Der Himmel wollte sich nicht des Hundes erbarmen; der Hund wollte lieber auf seiner Türschwelle verhungern, als draußen in der Welt auf sich selbst gestellt zu sein.

Nun hatte der Dichter das Glück, einen Kapitän zu kennen, der in einem ärmlichen Viertel am Hafen wohnte, und eines Abends schlenderte er mit seinem Hund dorthin. Der Dichter behandelte den Kapitän mit solch unverdienter Ehrerbietung, daß der Mann kaum wußte, wie ihm geschah, und ganz durcheinanderkam.

Zum Abschied schenkte der Dichter ihm seinen Hund, und obgleich der Seemann eigentlich am liebsten gerufen hätte: Verdammt noch mal, ich will keinen Hund, so bedankte er sich und wünschte dem Dichter alles Gute.

Und passen Sie auf, daß er Ihnen nicht wegläuft, sagte der Dichter.

Da können Sie Gift darauf nehmen, sagte der Kapitän.

Wenn Sie auf Fischfang gehen, sollten Sie das Hundchen mitnehmen, sagte der Dichter.

Da haben Sie recht, sagte der Kapitän.

Und er hatte den Hund am Hals.

Nun fuhr der Kapitän wenige Tage später auf Fischfang. Er war vierzehn Tage auf See und hatte den Hund dabei. Den Matrosen gefiel Zeus sehr gut, denn er hatte ein gewinnendes Wesen; sie gaben ihm einen besseren Namen und nannten ihn Bobbi. Doch Zeus verstand sich nicht auf die Seefahrt, er litt an Übelkeit und Appetitlosigkeit und wollte nicht auf den neuen Namen hören. Es erwies sich als unmöglich, ihn als Spielzeug zu benützen oder ihn dazu zu bringen, sich putzig zu benehmen, er stand stundenlang an Deck und starrte über die Reling hinaus und sah nichts als Meer. Er wedelte selten mit dem Schwanz und lächelte nie. Deshalb hatten sie bald keinen Spaß mehr an ihm. Und wenn er den Männern bei der Arbeit im Weg war, neigten sie dazu, auf ihn zu treten. Und dann sagten sie: Hau ab, verfluchter Köter!

Sie waren sich einig darüber, daß dieser Hund ein hoffnungsloser Fall war und daß der Dichter ihn sicher habe loswerden wollen.

VI

Der Kapitän hatte den Hund satt und schenkte ihn dem Koch.

Der Koch versuchte, ihn zu füttern und zu mästen, doch der Hund wollte kaum etwas fressen und wurde immer dünner; da glaubte der Koch, der verdammte Hund sei wählerisch und daran gewöhnt, daß man ihm alles vorkaute. Und als sie das nächste Mal an Land kamen, schenkte er den Hund einem Bekannten, der ein Taugenichts war.

Der Taugenichts meinte, er habe das große Los gezogen, als er den Hund des Dichters bekam, und versuchte überall, mit Zeus Staat zu machen. Er taufte ihn Pegasus, denn er glaubte sich daran zu erinnern, daß Pegasus seinerzeit ein Hund gewesen sei, und dann schrie er auf der Straße lauthals: Pegasus, Pegasus, Pegasus.

Doch der Taugenichts wurde zum Gespött der Leute, und keiner würdigte den Hund eines Blickes. Zeus hatte jetzt auf die Bewohner der Stadt dieselbe Wirkung, die der Mond hätte, wenn die Sonne vom Firmament verschwunden wäre. Er hatte nicht mehr den Abglanz der Berühmtheit des Dichtkünstlers. Und der Taugenichts mußte erkennen, daß ihm der Hund keineswegs zu größerem Ansehen verhalf.

Da geschah es an einem kalten Tag, als er spazierenging

und kein Geld hatte, daß er rein zufällig einen Verwandten traf. Ihre Begegnung endete damit, daß ihm sein Verwandter den Hund abkaufte, für eine Krone und fünfundzwanzig Öre, mehr hatte er leider nicht bei sich. Der Verkäufer ging, nachdem der Handel abgeschlossen war, in ein Café und saß dort lange, wie die feinen Leute, trank Kaffee und las Zeitung. Die Rechnung belief sich auf insgesamt eine Krone, Rest fünfundzwanzig Öre, die er als Trinkgeld gab; alle sollten sehen, daß er auch ein feiner Mann war. Von ihm wird nichts mehr erzählt.

Der neue Besitzer hatte den Hund unter anderem in der Absicht gekauft, seine Vermieterin zu ärgern. Dieser Mann gab sich als Hafenarbeiter aus, war jedoch in Wirklichkeit ein Trunkenbold und Dieb, der ständig Schwierigkeiten mit der Polizei hatte. Er wohnte in einem kleinen Haus am Stadtrand, wo er von einer übellaunigen alten Frau versorgt wurde.

Wer hätte gedacht, daß es noch schlimmer werden könnte, sagte die Alte: Jetzt war auch noch ein Hund dazugekommen.

Der neue Besitzer nannte Zeus ganz einfach Mori und liebte ihn von ganzem Herzen und von ganzer Seele. Er gewährte Mori die gleichen Rechte wie sich selber, sie aßen das gleiche Essen und schliefen im selben Bett, und der Mann verwöhnte den Hund um so mehr, je mehr die Alte ihn verwünschte und verfluchte. Doch als der gerade angefangen hatte, sich an den neuen Herrn zu gewöhnen, brach das Unheil herein.

Eines Tages kam die Polizei zu Besuch bei seinem Herrn, und nach einem längeren Handgemenge zerrten sie ihn fort ins Gefängnis. Am selben Tag prügelte die Alte den Hund aus der Hütte hinaus. Das war im tiefsten Winter bei eisigem Schneesturm.

VII

Nun heben die schlechten Tage an. Herrenlos und heimatlos irrte der arme Hund durch Straßen und über Plätze, hungrig, dürr und von Wind und Wetter zerzaust. Er schlich sich in Hinterhöfe, schnüffelte an den Mülltonnen herum und kratzte alles Eßbare aus der gefrorenen Erde hervor. Andere Hunde scharten sich um ihn, gestriegelt und wohlgenährt, sträubten das Fell, gingen auf ihn los und erwiesen sich als die Stärkeren und wollten ihn zerfleischen. Die Gassenjungen warfen nach ihm, wenn sie aus dem verharschten Schnee einen Stein lösen konnten. Die erwachsenen Leute aber hatten so viel zu tun, daß sie keine Zeit hatten, sich um herrenlose Hunde zu kümmern.

Eines Tages trottete Zeus an einem der großen Häuser der Stadt vorbei. Der herrenlose Hund blickte aufmerksam um sich, ehe er zweifelnd vor diesem Haus stehenblieb. Oh, doch. Er kannte dieses Haus. Hier hatte er einmal mit seinem Herrn an einer Gesellschaft teilgenommen, aber das war jetzt schon lange her. In einem Zustand vollkommenen Glücks war er hier durch die Zimmer gestreift; alles war ein einziges Lächeln; die Welt, in der er lebte, war erfüllt von Strahlen der Sympathie und sanft dahinplätscherndem Plaudern; weiße Hände streichelten seinen Pelz; er bekam alle möglichen Leckerbissen. Und der beste Strahl ging von den Augen seines Herrn aus. So war es damals.

Der Hund stand noch immer draußen auf der Straße und betrachtete das Haus, so wie ein Reisender eine zweifelhafte Furt betrachtet. Schließlich faßte er einen Entschluß und spazierte in die Vorhalle hinein.

Drinnen hörte man, daß von außen an der Tür gekratzt wurde, und die Hausherrin öffnete selbst, um nachzusehen, was es damit auf sich hatte. Und da war es nur ein Köter!

Er sah ihr direkt ins Gesicht, die Demut leuchtete aus seinen braunen Hundeaugen; er wedelte mit dem Schwanz, sein ganzer Körper bebte vor Ehrfurcht und Bitten. Und ein kleines Mädchen erschien in der Türöffnung und sagte: Nein, so etwas, das ist ja Zeus, der Hund des Dichters!

Was für ein Unsinn, sagte die Hausherrin. Der Dichter hat ihn schon längst hergegeben. Dann holte die Hausherrin einen alten Spazierstock, und im nächsten Augenblick ging ein dröhnender Schlag auf den zottigen, abgemagerten Körper nieder, das Tier heulte laut auf, doch sie schlug weiter!

Der Hund schlich wimmernd auf die verschneite Straße hinaus. Es war klirrender Frost. Die Hausherrin ging wieder in ihr Zimmer zurück und schürte das Feuer.

Das wäre ja noch schöner, sagte sie, wenn unsere Haustür herrenlosen Hunden offenstünde!

VIII

Selbstverständlich fand die Tochter des Grossisten einen wirkungsvolleren Anlaß, die Verlobung mit ihrem Liebsten zu lösen, als beim ersten Versuch, von dem wir wissen, wie er mißglückte. Für die Geschichte von Zeus spielt es keine Rolle, was der Anlaß war.

In seiner Verzweiflung ist der Dichter im Ausland herumgereist, ohne Verlobte, ohne Hund, allein. Er ist nach Hause zurückgekehrt und sitzt wieder wie früher in seinem Zimmer in der Hauptstraße und brütet vor sich hin. Sein Pessimismus ist gewachsen, Weltschmerz erfüllt die Seele des Dichtkünstlers bis in die hintersten Winkel; nichts scheint ihn aus seinem Alptraum aufwecken zu können. Nicht einmal ein Hund leckt seine Hände, nicht einmal ein Hund erinnert ihn an die helle Seite des Lebens. Dieser Mann scheint schon seit langem davon überzeugt zu sein, daß die Geschichte von der Sonne am Himmel leeres Gewäsch sei und die Helligkeit des Tages ihre Wurzel in der Unzulänglichkeit des Auges habe.

Ich Narr habe an die Treue der Frau geglaubt! sagt er. Edle Stadt, du zitterst vom Gesang der Leiern und funkelst Tag und Nacht im Lichterglanz, und tausend Dichter preisen die Herzen deiner Frauen in den schönsten Gedichten. Wehe, selbst die Herzen deiner Frauen sind nicht soviel wert wie die Treue eines Hundes. Ich wünschte, mein Zeus wäre hier!

An einem Wintermorgen gegen neun Uhr, als der Dichter eben aufgestanden war und aus dem Haus gehen wollte, bemerkte er, daß etwas vor seiner Tür lag, etwas Großes, Dunkles, Zottiges, halb von Schnee bedeckt. Und als der Dichter es abtastete, spürte er, daß es ein Tierkörper war, und so abgemagert, daß man die Rippen zählen konnte. Das Tier gab kein Lebenszeichen von sich, doch es war noch lauwarm, konnte also noch nicht lange tot sein.

O Zeus, Zeus, sagte der Dichter und warf sich bitter schluchzend über den halb erstarrten Hundekörper.

PATRICE NGANANG

Hundezeiten

Aus meinen Ecken beobachte ich die Leute aus dem Viertel. Ich blicke auf die Straße vor der Kneipe meines Herrn, wie sie in Richtung Stadt führt. Durch meine Paletten der Bierkästen sehe ich den Tag vorüberziehen und die Nacht herbeirufen. Aus dem Schatten meiner Mauern folgen meine Augen den Frauen, wie sie ihre Hüften nach rechts und links schwenken, von links nach rechts, von rechts nach links. Ich sehe, wie eine junge Frau die Stimmung der männlichen Bevölkerung des Viertels aufheizt, indem sie mit ihrem Busen auftrumpft. Von meinen Beobachtungsposten aus sehe ich torkelnde Männer eine dunkle Ecke suchen und geräuschvoll pinkeln. Ich sehe, wie sie mehrmals ihren Bangala schütteln, großtuerisch auf ihren Urin spucken und dann zu ihrem selbstmörderischen Jobajo zurückeilen. Von der Kneipentür aus betrachte ich die Kinder, wie sie sich durch ihre dünne Unterhose hindurch am Hintern kratzen und anschließend mit dem Finger in der Nase bohren. Ich mache einen Satz in den Hof und erblicke einen liebestollen Hahn, der eine Henne verfolgt. Ich beobachte, wie er im Laufen seine bunten Flügel niederschlägt, am Straßenrand stoppt und ohnmächtig mit ansehen muss, wie seine Angebetete von einem Auto überfahren wird. Ich beobachte die schwarz-gelben Eidechsen, die an der Mauer der Kneipe meines Herrn entlanglaufen, stehen bleiben, ihrerseits die Umgebung betrachten und philosophisch mit dem Kopf wackeln, als wollten sie sagen: »Die Welt ist schauderhaft, gut, dass wir leben!«

Ich beobachte, und ich merke mir alles.

Ich betrachte die Welt von unten her. Auf diese Weise erfasse ich die Menschen im selben Moment, in dem sie sich aus dem Schlamm erheben. Ebenso erfasse ich die Momente, in denen sie sich von ihrer Menschlichkeit verabschieden. Ich muss allerdings zugeben, dass eine derartige Position bisweilen ungemütlich ist. Die meisten Kunden meines Herrn stinken nämlich erbärmlich an den Füßen, wenn sie ihre Schuhe ausziehen. Und als ob sie es in der Absicht täten, mich zu verjagen, sind immer welche unter ihnen, die sich auf eine umgedrehte Bierkiste setzen, neben der ich mich niedergelassen habe, sich die Schuhe ausziehen und mir ihre Zehen vor die Schnauze halten. Glücklicherweise sind sie trotz allem in der Minderzahl, da die meisten Männer aus dem Viertel gar nicht über die Mittel verfügen, ihre Zehen in Schuhwerk zu verstecken. Ja, glücklicherweise tragen die meisten *sans confiance,* die berühmten Bata-Plastiksandalen, die Luft an ihre Zehen lassen. Deswegen ziehe ich den Platz unter dem Tisch allen anderen Ecken vor. Wenn ich unter einem Tisch sitze, ist mir das Vergnügen vergönnt, die Welt zu beobachten, ohne dass ich weggeschubst werde und oder einen Fußtritt fürchten muss. Von diesem Platz aus gelingt es mir auch immer wieder, die Männer bei ihren Niederträchtigkeiten zu überraschen, die sie vor den anderen Mitgliedern ihrer Spezies verbergen. Wie viele Hände respektabler Männer habe ich nicht schon in das Dunkel unterhalb eines Tisches hinabgleiten sehen, um sich an den Nüssen zu kratzen! Wie viele Männer habe ich nicht schon gesehen, wie sie unter dem Tisch ihren Zeh in der Tiefe zwischen den Schenkeln der Frau ihres Nachbarn verloren und manchmal gar die Türen zu ihrer Geheimkammer aufgebohrt haben! Fragt mich, und ich sage euch: »O, die Männer!«

In solchen Augenblicken überkommt mich ein Zittern, denn ich bin zum unerwünschten Zeugen geworden, und ich gebe mir alle Mühe, nicht entdeckt zu werden. Ich verziehe mich in die hinterste Ecke, und wenn der Fuß des Schuldigen mich trifft, stehle ich mich davon, ohne das leiseste Geräusch, ohne mich umzudrehen und Gefahr zu laufen, dass sein Blick den meinen kreuzt, und ich suche mir im Hof der Kneipe meines Herrn einen anderen Schlupfwinkel. Ich vermeide es, beim Ansehen des Schauspiels menschlicher Laster erwischt zu werden. Ich vermeide es, laut darüber zu lachen, und zwar seit jenem Abend, an dem ich einen Hieb mit einem alten Schuh auf die Schnauze erhielt, weil ich zu lange zugesehen hatte, wie ein distinguiert gekleideter Kunde Massa Yos seine Hand zwischen den voluminösen Schenkeln einer massigen Dame vergrub. Der Mann hatte sein Liebchen in eine finstere Ecke der Kneipe gedrückt. Allzu sehr damit beschäftigt, die Anstrengungen der eifrigen Hand mit der gebotenen Objektivität zu beurteilen, war mir entgangen, dass die Frau mich ertappt hatte. »*Mouf!* Verdrück dich«, hatte sie mich angezischt, mitten in ihrer mit offensichtlichen Schuldgefühlen belasteten Verzückung. »Mbudjak, hau ab!«

»Kümmere dich nicht um ihn«, hatte der Liebhaber gesagt, der sich nur schwer von seiner lustvollen Arbeit ablenken ließ. »Es ist doch nur ein Hund, oder?«

»Wer weiß, ob es nicht mein Mann ist«, hatte die Frau geantwortet. Und ängstlich hinzugefügt: »Docta, hast du gesehen, wie er uns anschaut?«

Der Mann hatte in seinem Tun innegehalten, mich angeschaut und gemeint: »Wenn es dein Mann ist, soll er nur richtig hinsehen und sich dabei einen runterholen!«

Tief beschämt hatte ich mich davongeschlichen. Denn es ist so: Nach allem, was ich erlebt habe, nach allem, was ich die Menschen habe tun sehen, mögen mir die Reflexe des Wolfs und die Hinterlist der Hyäne abhandengekommen sein. Dadurch, dass ich die Menschen beobachte und nichts anderes tue, mag mein Hundsein an Eindeutigkeit verloren haben. Als ein Mensch angesehen zu werden wird aber trotzdem immer die schlimmste Beleidigung bleiben, die man mir gegenüber äußern kann.

*

Von jetzt an werde ich also Massa Yo den lieben langen Tag dabei zusehen, wie er neben seiner Tätigkeit, Kunden zu fangen, mit großem Eifer die irdischen Gaben der Mädchen aus dem Viertel betrachtet. Ich werde ihm dabei zusehen, wie sein Blick den Konturen ihres Lächelns und ihrer Hüftschwünge folgt. Wurde er nicht plötzlich durch die Zauberkraft einer einfachen Liege hinter seiner Theke zu einem Mann, der sich in nichts von seinen geschwätzigen Kunden unterschied, von ebenden Kunden, die sich über den hinkenden Gang der einen wunderten, sich vor Augen führten, wie eine andere von der Taille abwärts das Gewicht der ganzen Republik Kamerun mit sich herumschleppte, die sich dann hinter die Kneipe begaben und dort geräuschvoll pinkelten? Ja, künftig würde mein Herr das Korps der Straße mit ebenso gierigen Blicken verschlingen wie ein Großer. Manchmal – was soll ich euch sagen? – pfiff er sogar arrogant dem Mädchen nach, das gerade vorüberging. Und was passierte, als ich, ein bisschen aufgrund schlechter Angewohnheiten, die Ohren hochstellte? Ich sah, dass die Kleine sich umdrehte, ihn verächtlich vom Kopf bis zu den Füßen musterte, von den Füßen bis zum Kopf, vom Kopf bis zu den Füßen und wieder von den Füßen zum Kopf, bevor sie mit einer theatralischen Geste in seine Richtung spuckte, so als wollte sie sagen: »He, wo ist denn da der Mann?«

Ich bellte vor Lachen. Endlich eine, die Massa Yo wieder auf seinen Platz verweist, sagte ich mir jubelnd. Und mein Herr – der verschanzte sich hinter seinem Verlegenheits-Pidgin und entgegnete mit einem säuerlichen Lächeln, das seine Züge verzerrte: »*Dan sapack i day kan kan-o.* Diese Nutten benehmen sich manchmal unmöglich.«

Ich schüttelte mich vor Lachen. Das Mädchen, das glaubte, ich sei wütend, beschleunigte seine Schritte. Und mein Herr, der glaubte, ich hätte ihn verteidigt, gratulierte mir. Die Fliegen schwangen sich singend von meinen Ohren. Ich schüttelte meinen Kopf, wobei ich meine Ohren einige Male um meinen Nacken schlug. Ich war überfordert. Wie auch immer, Massa Yo war vermutlich so oder so davon überzeugt, dass irgendwann selbst das hübscheste Mädchen aus dem Viertel sich auf der Herrlichkeit seiner armseligen Kneipenwirt-Liege lang machen würde! Und ich meine es ernst: Garantiert war er der Meinung, dass er bei der reichen Auswahl, mit der seine Kneipe in diesen schlechten Zeiten aufwartete, so außerordentlich wichtig, so überaus deutlich auf der Gewinnerstraße und so weithin sichtbar jemand geworden war, dass damit auch er ein gewisses Recht auf die erste Nacht »hier bei uns in Madagascar« erworben hatte. Ja, auch er, im Besitz einer sichtlich scharfen Machete, hatte ein Anrecht auf eine Kakaofrucht, oder etwa nicht?

Auf jeden Fall war er hier bei uns in Madagascar kein Leichtgewicht mehr. Ein Leichtgewicht war er übrigens nie gewesen, er, der ehemalige Staatsbedienstete oder Beamte. Um der Wahrheit die Ehre zu geben, ein Beamter, der seinerzeit seinen Hund spazieren führte wie ein Weißer, und dies unter den Blicken eines Elenden, mit dem er heute gemeinsam hat, dass sie beide dieselbe Frau begaffen. Nebenbei gesagt, warum sollte er die einzige Ziege sein, die dort, wo sie angepflockt ist, nicht alles abgrast? Warum sollte er der einzige *mbout* sein, der die Erdnüsse nicht aufhebt, die das ach so schöne Leben plötzlich ihm vor aller Augen so freigiebig hinwirft? »Schließlich hat der Mensch Zähne, um damit zu beißen«, schien er sich zu sagen.

Es war also so, dass mein Herr sich die Langeweile vertrieb, indem er hinter den Mädchen herschielte. Vor dem Schwarm Bordsteinschwalben, der sich allabendlich vor seiner Kneipe einfand, verschloss er hochmütig die Augen. Sagte ich, die Augen verschließen? Massa Yo musterte die Bordsteinschwalben mit einem abschätzigen Blick, denn er hielt es für unter seiner Würde, sich auch nur mit einer von ihnen abzugeben! Er richtete daher seine Aufmerksamkeit auf die anderen Mädchen, die vorübergingen. Er betrachtete sie aus den Augenwinkeln, als sei er sich gewiss, dass sie der Anziehungskraft seines üppigen Wohlstands nicht widerstehen würden. Es waren *rumta*, und er, Massa Yo, er würde ihnen schon den Kopf verdrehen! Er würde ihnen schon zeigen, was er ihnen voraushatte. Das junge Gemüse aus dem Viertel konnte so hochnäsig sein, wie es wollte, er würde schon wissen, wie er sie herumkriegte, diese *tchotchoro,* schien er sich zu sagen, und ein männliches Lächeln spielte um seine Lippen. Ich riss die Augen auf, sah mir meinen Herrn genauer an und erkannte ihn nicht wieder. »*Na jeune talent non* – das sind die Nachwuchstalente«, sagte er zu einem neben ihm sitzenden Kunden, der »Docta« genannt wurde und seinen Spaß an den Demütigungen hatte, die mein Herr von so ziemlich allen vorüberspazierenden Mädchen schlucken musste. »Die Kleine hat's dir aber gegeben, mein lieber Freund«, meinte der Zigarettenverkäufer, mit dem zusammen mein Herr die Zeit totschlug. Ein anderer Kunde hingegen tröstete Massa Yo: »Ach herrje«, sagte er, »lass sie ziehen. Mit ihren krummen Beinen!«

Mein Herr biss sich auf die Lippen. Verdammt, der Kleinen, deren Beleidigung ihm noch jetzt ins Gesicht geschrieben stand, würde er eines Tages zeigen, dass er jemand war. Auf zur Nächsten, ja, zur Nächsten! *Essamba, essamba!* Fahr, fahr, du Mercedes-Benz! Und so war »Auf zur Nächsten!« zum Motto der Tage geworden, die mein Herr auf Gäste wartend vor dem Eingang zum »König Kunde« verbrachte. Und mein Herr wurde zu einem Halsverdreher, zu einem Mädchen-Liebäugler, Mädchen-Fallensteller, Mädchenjäger, Mädchenzähler, zu einem künftigen Beschäler, der sich heimlich auf den letzten Galopp vorbereitet! Des Abends sah ich ihn unruhig herumhantieren, und ich sagte mir, dass sein Kneipenbett nach Aktion schrie. Ich wusste, bald würde ich ein kurzes Geräusch hören, ich würde vielleicht klirrende Bierflaschen hören und dann den jauchzenden Orgasmus eines Unglücklichen, der zum Mann wird. Ein wenig später würde sich die Kneipentür wieder öffnen, um die herauszulassen, deren Namen mein Herr sicher am nächsten Morgen seinen eifersüchtigen Kunden anvertrauen würde. Ein Name auf einer immer noch zu kurzen Liste »seiner« Eroberungen. Bestehen wir auf der Bezeichnung »seiner«.

Er würde es wie seine Kunden machen, wie jeder Mann eben! In der Falle meiner Beobachtungspflicht gefangen, würde ich meine Schnauze nicht öffnen, um die samt ihrem aristokratischen Stolz im Ehebett vernachlässigte Mama Mado zu alarmieren. Oder anders gesagt, mein Herr wüsste mein mitwisserisches Schweigen stets zu erkaufen – was seiner Verruchtheit die Krone aufsetzen würde: Er würde mir den Kopf kraulen, mir sogar ein Küsschen auf die Schnauze geben, mir zwei bis drei freundliche Worte sagen, wobei er mich »seinen« Liebling nennen würde, und singend und hüpfend in seine Kneipe zurückkehren. Ich war sein Hund, ich, Mbudjak. Wegen der Mädchen würde ich sogar sein Komplize werden.

Doch schweigen wir von den Träumen, denn dies ist die Wahrheit: Seit Massa Yo die kleine Liege hinter dem Tresen seiner Kneipe aufstellte, habe ich niemals gesehen, dass er die Türen seines Straßenverkaufs hinter einer der Kleinen aus dem Viertel geschlossen hätte. Selbst jene, von denen alle seine Kunden und insbesondere Docta behaupten, sie seien *njo,* nämlich umsonst zu haben, scheinen sein Geld, das eines Kneipenwirts, zu verschmähen. Sogar die, die sich Kunden hingeben, die alles auf Pump von ihm haben wollen – und ich spreche noch nicht einmal von denen, die der größte Schlappschwanz unter seinen Kunden verschmäht hat, wie er sagt –, verweigern ihm den Gefallen, ihm, dem Kneipenwirt. Massa Yo verzweifelt jedoch nicht. Er sagt sich, dass er Qualität sucht und nicht diese *nyamangolo,* die, kaum der Pubertät entwachsen, schon ihren Arsch auf dem Markt von Mokolo zu Geld machen, und vor allem nicht die Bordsteinschwalben vor seiner Kneipe, die er jeden Tag aufs Neue viel zu lange im Blick hat. Voller Hoffnung läuft er dem immer ferneren Tag hinterher, an dem er sich, wie ein befreiter Sträfling, an der knusprigsten Kleinen rächen kann, um es sich selbst zu zeigen – vor allem aber, um es seinen Kunden zu zeigen, die natürlich von seinen allzu häufigen Schlappen wissen, nein, um ihnen zu beweisen, dass auch er ein Mann ist. Denn was ist nach Ansicht der Männer unseres Viertels ein Mann, der nicht einmal ein Mädchen flachlegen kann? Ein Nichts, ja, eine Null. Nein: ein Minus. Nein, ein …

Und ich, der ich meinen Herrn hinter seiner Manneswürde herlaufen sehe, die alle Mädchen aus dem Viertel beharrlich mit Füßen treten, ich stelle mir immer häufiger die Frage, ob der Mensch nicht ein Rätsel ist und ich mich, um es zu lösen, nicht eher in einen Schlammstrudel werfen als meine Intelligenz unter Beweis stellen muss.

SŁAWOMIR MROŻEK

Der Hund

Ich bestellte gerade ein zweites Bier, als wir zum ersten Mal diesen Hund sahen. Die Tür stand wegen der Hitze offen. Aus dem dunklen Innern des Wirtshauses war alles, was sich auf dem Marktplatz abspielte, wie auf der offenen Handfläche zu sehen.

»Wessen Hund das wohl ist?« fragte der Lagerverwalter. Ihm lag gar nicht an einer Antwort. Wie das eben am Büfett so ist.

Die Wirtin beugte sich über den Tresen, um zu sehen, worüber geredet wird.

»Keine Ahnung«, stellte sie fest.

»Was das wohl für eine Rasse ist?« fuhr der Lagerverwalter träge fort. Ich glaube nicht, daß er diese Worte mit irgendeiner besonderen Absicht aussprach. Wir sahen wieder in diese Richtung.

»Irgendwas Unbestimmtes«, schätzte ich. »Er hat ein bißchen was von einem Schäferhund.«

Der Hund trottete langsam über den Marktplatz.

Der Buchhalter setzte seine Brille auf und ging zur Tür. Er nahm die Brille ab, wischte sie sauber, setzte sie wieder auf.

»Was gibt es?« interessierten wir uns, aber immer noch ohne größere Begeisterung.

»Ein Polizeihund«, sagte er kurz.

Es trat Stille ein.

»Oder vielleicht doch nicht?« fragte jemand mit schüchterner Hoffnung in der Stimme.

»Noch eins?« fragte die Wirtin und sammelte die leeren Biergläser ein.

»Nichts da!« empörte sich der Referent. »Ich bin nur für einen Augenblick vorbeigekommen, die Leute warten ja. Ich zahle.«

»Ganz recht«, pflichtete ihm der Rat in strengem Ton bei. »Alkohol ist der Feind zuverlässiger Arbeit. Besonders während der Dienstzeit. Ich gehe ins Büro zurück.«

Das Büro lag auf der anderen Seite des Marktplatzes.

»Vielleicht gehen wir lieber einzeln?« zögerte der Lagerverwalter.

»Sieh dich nicht nach ihm um ...« flüsterte der Referent. »Das fällt auf.«

»Er guckt gar nicht her.«

»Er guckt nicht, weil er so dressiert ist.«

Der Hund lag neben dem Brunnen, mit dem Rücken zu uns, und drehte den Kopf nicht in unsere Richtung. Das bestätigte unseren Verdacht.

Als wir ins Büro zurückkamen, machten wir uns eifrig an die Arbeit. Eine Zeitlang war nur das Klappern der Schreibmaschinen und das Stampfen der Stempel zu hören. Gegen ein Uhr wurde ich in das Büro des Präsidenten gerufen.

Als ich reinkam, stand er am Fenster.

»Hören Sie«, sagte der Präsident. »Sie sind ein erfahrener Mann, und Sie haben allerhand gesehen. Bekanntermaßen gibt es auf der Welt verschiedene Naturwunder, Wasserfälle, verschiedene Fledermäuse … Aber wozu in die Ferne schweifen, hier, nehmen wir zum Beispiel solche Hunde. Sie sind intelligent, nicht wahr?«

»Sehr intelligent«, nickte ich.

»Nun ja, das ist bekannt, aber sie bleiben doch immer nur Tiere. Sie springen, apportieren, klar. Aber wie steht es mit ihrer Bildung? Wie stehen sie zur Buchhaltung? Zählen können sie ja wohl nicht. Einen Hasen jagen … Hm … das ja … einen Verbrecher auf frischer Tat ertappen, bitte sehr. Aber verschiedene Bilanzen, Listen, das ist für sie wohl eher Chinesisch, nicht wahr?«

»Ganz sicher«, erklärte ich mich einverstanden. »Obwohl …«

»Was obwohl?«

»Ich erinnere mich, daß ich mal im Zirkus verschiedene Tiere gesehen habe. Sie kamen in die Arena, man gab ihnen verschiedene Schildchen mit Zahlen, und sie haben addiert, subtrahiert, geteilt …«

»Und sie haben keine Fehler gemacht?«

»Nein.«

»Verschiedene Tiere, sagen Sie. Nun ja, mag sein. Aber ein Hund, war da auch ein Hund dabei?«

»So genau kann ich mich nicht erinnern. Es ist so viele Jahre her, so viele historische Ereignisse, Sie wissen das doch, Herr Präsident, ein Sturmwind ist über unser Land gebraust. Ich erinnere mich, wie neunzehnhundertneununddreißig …«

»Zur Sache!« Der Präsident wurde ungeduldig. »War einer dabei oder nicht?«

»Ich glaube ja.«

»Danke«, beendete der Präsident das Gespräch.

An diesem Tag kam ich eine Stunde zu spät zum Mittagessen, weil das Amt pünktlich schloß. Die Suppe war inzwischen angebrannt.

Um fünf Uhr schickte der Lagerleiter seinen Neffen mit der Nachricht hinüber, daß der Hund um das Lager herumstreune und schnüffele. Ich beschloß, mich ins Bett zu legen. Ich fühlte mich wirklich nicht sehr gut.

Vor dem Abendbrot kam der Buchhalter. Wortlos setzte er sich an das Kopfende meines Bettes. Er war blaß und schnaufte. Ich sagte kein Wort, sondern wartete ab, was er sagen würde. »Schwein!« stieß er endlich heraus.

»Was?! Sie haben auch noch ein Schwein geschickt?« rief ich und stützte mich auf die Ellenbogen.

»Nein, die Personalchefin. Man hat sie gesehen, wie sie ihm auf dem Hof Wurst gegeben hat. Mit Meerrettich.«

Ich fiel in die Kissen zurück. Ein bestimmter Gedanke kam mir in den Sinn. »Hat er sie genommen?«

»Na sicher.«

»Gehen wir in die Fleischerei«, sagte ich, stand auf und zog mir die Hosen an.

Vor der Fleischerei standen wir in der Schlange mit lauter Bekannten. Bis wir drinnen im Geschäft waren, war die Wurst alle. Wir zogen enttäuscht ab.

»Was jetzt?« fragte der Buchhalter.

»Vielleicht mag er auch Dorsch?« fragte ich hoffnungsvoll.

»Selbst wenn er ihn mag, zieht er Wurst vor. Wir werden uns doch nicht mit Fisch aufdrängen.«

Der Hund wurde hier und dort gesehen. Die Wurst fraß er, aber er beschnüffelte alles. Die verschiedenen Leute bedienten sich verschiedener Methoden. Man hörte, wie die Sekretärin des Präsidenten rief: »Mein Hündchen, mein Süßes, mein geliebtes Schnäuzchen …« Pfui! Schließlich gibt es doch Grenzen.

Dann verschwand der Hund. Jetzt war es noch schwerer auszuhalten.

»Das heißt, daß der das Material schon zusammen hat«, vermutete der Buchhalter. »Jetzt kommt die Staatsanwaltschaft an die Reihe.«

Wir saßen alle bei mir und rauchten schweigend im Dunkeln. Ein Lastwagen fuhr vor dem Haus vorbei. Nein! Er fuhr nicht vorbei, er hielt …

Wir standen auf.

Der Leiter der Genossenschaft ›Wald‹ kam herein.

»Er war bei mir«, sagte er und ließ sich auf seinen Stuhl fallen.

»Und hat an dir geschnüffelt, was? Das ist nichts Neues.«

»Schlimmer, er hat die Portiersloge angepinkelt.«

»Gehen wir zum Priester«, sagte der Buchhalter. »Der Probst weiß, was vor sich geht …«

»Die Strafe für die Sünden«, sagte der Probst kurz.

»Aber selbst in der Bibel steht geschrieben: ›Gehe hin und sündige hinfort nicht mehr.‹ Also haben wir gedacht, daß Sie, Herr Probst …«

»Worum geht es?«

»Sie haben auch einen Hund. Der könnte doch vielleicht mit dem da reden. Es sind immerhin Kollegen, wenn auch mit unterschiedlichen Weltanschauungen …«

»Ausgeschlossen. Ich mische mich nicht in die Politik.« Und er machte die Tür zu.

»Titanic«, sagte der Buchhalter. »Das heißt, wir gehen rettungslos unter. Gehen wir in die Kneipe, denn wir haben ja nichts mehr zu verlieren.«

Ein anständiges Büfett, die bekannte Wärme … Und das alles sollten wir aufgeben?

Der Buchhalter begann ein Heimatlied zu singen. »Einen Liter Wodka!«

Da kam der Hund herein.

»Ich möchte eine Limonade«, änderte der Buchhalter seine Meinung.

Der Hund blieb neben dem Büfett stehen und wedelte mit dem Schwanz.

»In diesem Jahr werden wir eine sehr gute Ernte haben«, sagte der Lagerverwalter zum Referenten.

»Dank der staatlichen Landwirtschaft«, ergänzte der Referent.

»Versteht sich.«

»Aber die Überschwemmung …«, widersprach ich der Form halber.

»Was für eine Überschwemmung, das ist ja lachhaft. Daß es hier und da mal ein bißchen naß war, ist doch nichts Großes. Nichts wird uns auf dem Marsch zum weiteren Wohlstand unter der Leitung unserer Partei aufhalten.« Der Buchhalter ging aufs Ganze.

Der Hund streckte die Zunge raus.

»Vielleicht ist er ein Provokateur und kein Kontrolleur?« flüsterte ich dem Referenten zu.

»Leise, sonst hört er es noch«, flüsterte er zurück. Er

wandte sich an den Rat und sagte in schönstem Bass: »Da kam neulich doch tatsächlich jemand zu mir und wollte mir ein Schmiergeld andrehen, können Sie sich das vorstellen? Na, da habe ich ihm eine Ohrfeige gegeben. Ich weiß, daß man nicht schlagen darf, aber ich habe es nicht ausgehalten. Ein Schmiergeld? Mir!? Abscheulich!«

»Und das auch noch im Dienst«, nickte der Rat mit dem Kopf.

»Tiere nehmen auch keins an«, riskierte der Buchhalter. »Was anderes ist es mit einer kleinen Bewirtung. – Fräulein Jadzia, was kosten die Brötchen mit der Wurst?«

Da pfiff jemand auf dem Marktplatz, und der Hund lief hinaus. Wir stürzten zum Fenster. Mitten auf dem Marktplatz, im vollen Mondlicht, gingen ein Mann mit einem weißen Stock und einer schwarzen Brille und der Hund zu seinen Füßen fort.

»Das war ein Blindenhund«, sagte der Buchhalter. »Den werden wir morgen mit Füßen treten!«

SY MONTGOMERY

Tess

Während all der Jahre, die wir mit Tess zusammenlebten, sorgte sie für willkommene Abwechslung in unserem Alltag.

Nach unserem Morgenspaziergang und nachdem auch Christopher und die Ladys ihr Futter bekommen hatten, saß Tess immer eine Stunde lang ganz still und brav in meinem oder Howards Arbeitszimmer. Doch dann wurde es ihr langweilig. Während wir in unsere Texte vertieft waren, legte sie uns dann einen Ball oder einen Frisbee in den Schoß. Wir sollten rausgehen und mit ihr spielen.

Mitten in einer schwierigen Überleitung oder bei der Entwicklung eines neuen Gedankens war es manchmal der falsche Augenblick für ein nassgesabbertes Hundespielzeug. Doch das ging nie lange, war doch nichts lustiger, lebensbejahender und sinnvoller, als mit unserer fröhlichen, sportlichen Border-Collie-Hündin rumzutoben.

Mit Tess zu spielen machte alle glücklich. Wer mit ihr draußen herumtollte, bezog ja auch die anderen Tiere mit ein. Christopher machte sich durch ein »Oink. Oink! OINK!« bemerkbar, wollte Aufmerksamkeit, wollte mit einem Maiskolben, einem Apfel oder seiner Pampe gefüttert werden oder an der Leine mit hinaus ins Freie. Auch die Ladys buhlten um unsere Zuwendung.

Wenn man den Ball oder den Frisbee weit genug warf, gelang es, auch alle anderen zu bedienen. Howard konnte hundert Meter weit werfen, ich hingegen hatte Probleme mit dem Zielen. Doch Tess fing alles, was angeflogen kam, ganz gleich, wie es geworfen wurde. Wenn wir zusammen oder auch mit Freunden spazieren gingen, lief sie immer von einem zum anderen und bedachte alle abwechselnd mit ihrem Spielzeug. Sie glaubte sicherlich, dass wir das Spiel genauso liebten wie sie, und passte genau auf, dass niemand zu kurz kam. Wenn sie zuerst Howard vom Schreibtisch weggelockt und zum Spielen aufgefordert hatte, kam ich eine Stunde später dran.

Während ich unsere junge Hündin so über die Wiese rasen und hohe Sprünge machen sah, erklang in meinem Inneren immer *Amazing Grace.* Tess war kräftig, vornehm und elegant, der Inbegriff der Grazie. Die Verletzungen, die sie bei dem Unfall mit dem Schneepflug davongetragen hatte, sowie der Kummer früher Tage, als niemand das kleine Hundebaby haben wollte, machten ihre Anmut und Fröhlichkeit nur umso eindrucksvoller.

Das Glück, das Tess uns bescherte, dauerte meistens bis in den Abend hinein. Auch ehe wir zu Bett gingen, mussten wir noch eine Runde Frisbee mit ihr spielen. Ihre schwarz-weiße Silhouette wurde vom Mondlicht vergoldet, doch noch mehr liebte ich es, wenn Tess in mondlosen Nächten mit der Dunkelheit verschmolz.

Bei uns gab es keine Straßenlaternen und also nachts keine »Lichtverschmutzung«. In Nächten ohne Mond erkannten wir nicht die Hand vor den Augen, Tess aber ließ sich von der Dunkelheit nicht anfechten.

Hunde und Katzen haben eine reflektierende Schicht im Auge, ein *tapetum lucidum,* weshalb ihr Blick im Scheinwerferlicht nachts zu glühen scheint. In solchen stockfinsteren Nächten folgte ich unserer Hündin in die Dunkelheit und ließ mich nur von dem leisen Klimpern der Hundemarke führen. Tess geleitete mich den sanften Hügel hinter dem Haus hinunter, wo die Rasenfläche zum Feld hin wieder flacher wurde. Dort flüsterte ich ihr zu: »Tess, lauf!«

Ich warf den Frisbee in die totale Finsternis, keine Ahnung, wohin er flog. Doch ein, zwei Sekunden später hörte ich schon den Biss ihrer Zähne auf der Plastikscheibe und wusste, dass sie hoch in die Luft gesprungen war und die Scheibe aufgefangen hatte.

Dann hockte ich mich hin und hielt meine Hände ins Dunkel. Jedes Mal legte sie die Frisbeescheibe genau hinein, denn sie wusste, wertvolle Spielzeit ginge verloren, wenn ich erst lange auf dem Boden nach der Scheibe tasten müsste.

Tess hatte sehr schnell gelernt, jeden unserer Schritte vorwegzunehmen. Sie wusste ganz genau, ob wir in den oberen oder den unteren Stall, ob wir zum Auto oder ins Haus gehen wollten. Im Haus schien sie zu wissen, welches Zimmer wir ansteuerten. Auf langen Wanderungen, die wir nicht weit von uns in den White Mountains unternahmen, rannte sie ständig zwischen meinem langbeinigen Ehemann und mir, die ich Mühe hatte, Schritt zu halten, hin und her. Oft wartete sie an einer Weggabelung, wo ich ohne sie womöglich die falsche Abzweigung genommen hätte. Dann lief sie rasch zu Howard vor und gleich wieder zu mir zurück. Howard meinte, am Ende habe sie die vier- bis fünffache Strecke zurückgelegt. Border Collies werden als Hütehunde gezüchtet, um Schafe und Schäfer beisammen zu halten, und sind berühmt für ihre Intelligenz. Tess setzte ihr schlaues Köpfchen ein, um herauszufinden, was wir als Nächstes zusammen tun wollten und wie sie dabei am besten helfen konnte.

Doch meine völlige Nachtblindheit konnte sie wohl beim besten Willen nicht nachvollziehen. Wieso konnte ich nicht das sehen, was für sie so klar und deutlich erkennbar war? Großzügig sah sie über meine Unfähigkeit hinweg, apportierte geduldig die Spielsachen immer direkt in meine Hände. Und wenn ich dann meinte, es sei genug und wir sollten ins Haus gehen, brauchte ich nur ganz leise zu sagen: »Tess, komm her.« Dann kam sie angerannt und führte mich mit klimpernder Hundemarke zum Haus zurück.

Obgleich ich Tess für ihre Intelligenz, ihre Kraft und Agilität bewunderte, waren mir doch unsere nächtlichen Ausflüge die größte Freude. Wer außer mir konnte schon, Tess sei Dank, in pechschwarzer Dunkelheit umherziehen, ja sogar herumtoben. Wenn wir zusammen waren, lieh sie mir ihre hündischen Superkräfte – Talente, die ich nicht hatte, aber gern besessen hätte, seitdem ich sie bei Molly, der Hündin meiner Kindheit, erlebt hatte.

Doch das Blatt sollte sich wenden.

Als wir an einem Morgen im Juni gerade wach wurden, sprang Tess von unserem Bett, stand einen Moment aufrecht da und fiel dann um.

Zuerst dachte ich an Arthritis. Tess war damals vierzehn Jahre alt. Nach dem Unfall mit dem Schneepflug war es kein Wunder, dass sie manchmal taumelte. Unser langjähriger Tierarzt Chuck DeVinne behandelte auch den inzwischen zwölfjährigen Christopher wegen altersbedingter Gelenkerkrankungen. Jeden Morgen versteckte ich Kapseln mit drei Wirkstoffen in einem Muffin, den Chris zum Frühstück bekam.

Doch als ich Tess in die Augen sah, war mir klar, dass es sich bei ihr nicht um Morgensteifigkeit handelte. Sie hatte einen kleinen Schlaganfall erlitten.

Tess schien sich rasch und vollständig zu erholen. Doch da sie schon so viel durchgemacht hatte, blieben wir wachsam. Howard und ich waren Mitte vierzig, die Tiere, mit denen wir unsere aktivsten Jahre verbrachten, alterten schneller als wir. Unsere gemeinsamen Tage waren gezählt.

Das war der Gang der Welt. Für mich ist es eine der leidvollsten Erfahrungen des Erdenlebens, dass die meisten der Tiere, die wir so sehr lieben – mit Ausnahme vielleicht einiger Papageien- oder Schildkrötenarten –, lange vor uns sterben. Wenn ich zu Reisen in Länder aufbrach, in denen es Giftschlangen, Kannibalen und scharfe Landminen gab, machte ich immer dumme Witze und sagte zu meinen Freunden, ich versuchte lediglich, vor Christopher und Tess dahinzugehen. Ich hatte nie Angst vor dem Tod. Der Tod war nichts als ein neuer unbekannter Ort, irgendwann würden wir alle dort landen. Ich glaubte fest daran, dass ich im Himmel, falls es einen gab und falls ich dorthin käme, mit allen Tieren, die ich geliebt hatte, wieder vereint sein würde. Doch wollte ich auf keinen Fall zurückbleiben, wenn Chris und Tess gingen.

Den beiden ging es für ihr Alter doch recht gut, tröstete ich mich. Chris kostete nach wie vor alles aus, was das Leben zu bieten hatte – eine zarte Liebkosung, angenehme Gesellschaft und Schokodonuts. Das Wellnessprogramm erfreute sich nach wie vor großer Beliebtheit. Auch Tess war bezaubernd, wie sie unermüdlich hochsprang, um den Frisbee zu fangen, und hinter dem Ball herlief, bis *wir* sie stoppten, weil ihr schon die Zunge zum Hals heraushing.

Doch eines Tages wurde Tess von einem interessanten Geruch abgelenkt und ließ die Frisbeescheibe ins Gras fallen. Als Howard ihr befahl, sie aufzuheben, reagierte sie nicht. Tess war ertaubt. Es musste schon Wochen oder Monate zuvor angefangen haben, doch dank ihrer Sensibilität und Klugheit hatte sie den Hörverlust so gut kompensiert, dass wir nichts bemerkten.

Als Nächstes kam eine akute Störung des Gleichgewichtssinns mit äußeren Symptomen wie bei einem Schlaganfall. Doch für das kranke Tier fühlte es sich ganz anders an: Tess hatte einen Drehwurm. Vor lauter Schwindel und Übelkeit konnte sie wochenlang nicht stehen.

Schier unglaublich ist, dass sie sich auch davon erholte. Sie war eben eine Kämpferin. Sie hatte bald wieder Freude an Spaziergängen, doch den Kopf hielt sie nun schief. Ihre glänzenden braunen Augen waren trüb geworden. Taub und fast blind konnte sie nicht mehr Frisbee spielen. Auch der Ball interessierte sie nicht mehr. Mir war weh ums Herz, und ich dachte anfänglich, ich litte mit ihr. Sicherlich vermisste sie unsere Wanderungen, unsere Spielstunden, das Rennen über die Wiese, um Ball und Frisbee zu fangen.

Aber ich irrte mich. Der Herzschmerz war ganz allein mein eigener. Ich war es, die sich nach der jüngeren, noch kräftigen Tess sehnte, nach ihren übermenschlichen Talenten: dem Hören von Frequenzen, die ich nicht wahrnehmen konnte, dem sicheren Sehen in der Dunkelheit. Ich vermisste es, im Windschatten ihrer enormen Fähigkeiten zu segeln. *Ich* war traurig – Tess war es nicht.

Ich schaute sie an und sah, dass sie trotz allem glücklich war. Sie wedelte mit dem Schwanz. Ihr Lächeln, ihre Öhrchen, ihre ganze Haltung – alles strahlte Zufriedenheit aus. Sie mochte nicht mehr jagen oder springen, aber ihr Leben war immer noch reich und aufregend, voller spannender Gerüche und Leckereien. Geborgen bei denen, die sie liebte, akzeptierte sie, wer weiß, warum, dass ihre Welt weitgehend dunkel und still geworden war. Sie wirkte nicht beunruhigt. Sie verstand ganz eindeutig, dass es nun wir Menschen waren, die sie durch diese schwarze und geräuschlose Welt führen würden.

Tess ging immer noch gerne nach draußen, auch nachts. Früher freute ich mich, wenn sie sich weit von mir entfernte und losrannte, um das Spielzeug zu fangen. Nun freute ich mich, dass wir so nahe beieinander blieben. Zuerst orientierte sie sich an der Spur meiner Körperwärme und meines Geruchs, später führte ich sie ganz dicht neben mir. Nach all den Jahren, die wir zusammen verbracht hatten, fühlte ich mich geehrt, dass sie mir ebenso grenzenlos vertraute, wie ich ihr einst in dunkler Nacht vertraut hatte. Nie zuvor hatte sich jemand so hundertprozentig auf mich verlassen. Nie zuvor hatte mich jemand so tief und rückhaltlos geliebt. Und nie zuvor hatte ich so allumfassende Gnade empfunden.

Auch in ihrem wackligen Alter brachte Tess mein Herz zum Singen. Die Anmut ihrer Bewegungen rührte jetzt sogar noch mehr an mein Herz. Ihr wurde jene Gnade zuteil, die wir erflehen, wenn wir des Beistands und der Barmherzigkeit höheren Ursprungs bedürfen. Gnade ist, so sagen es die Theologen, die göttliche Fähigkeit, wieder aufzuerstehen in anderer Gestalt: *»I once was lost but now am found / was blind but now I see.«*

Tess hat ihre Superpower nie verloren. Sie hatte sie in meine Hände gelegt wie den Frisbee in der Nacht. Bis zum Ende unserer gemeinsamen Tage würde ich das Privileg haben, ihr in aller Demut das zurückzugeben, was sie mir gegeben hatte. Nun war es an mir, sie durch die Dunkelheit zu begleiten.

Die Liebe zu meiner Hündin und meinem Schwein brannte immer heller in mir, je älter die Tiere wurden. Es gab keine Dunkelheit, die wir nicht zusammen meistern konnten. Aber was, wenn Chris und Tess einmal nicht mehr da sein würden?

HUGO LOETSCHER

Der Windhund beim Rennen

Die sechs stürzen los, sobald das Gitter der Startbox den Durchschlupf freigibt. Mit Vorsprung hat sich das Locktier in Bewegung gesetzt. Auf dem Rücken der Windhunde eine Decke und weithin sichtbar die Farben der Nummern. Ein Rudel, in hautnaher Konkurrenz, einer noch neben dem andern. Auf einer gemeinsamen Bahn jagen sie einen gemeinsamen Hasen, der keinen Geruch abgibt. Wenn sie ihre Körper strecken, zeichnet sich unter dem Kurzhaarfell die trockene Muskulatur mit den gespannten Sehnen ab. Ein Drahtgestell hindert die Hunde am Beißen und Schnappen, die Schnauze ist mit einem Maulkorb gefesselt. Die Hunde haben nicht nur gelernt zu überholen, sondern auch, sich überholen zu lassen, und haben dies in Testläufen bewiesen, die ihnen die Lizenz einbrachten. Auch dem, der einst nach dem Start für den Bruchteil eines Momentes einen Blick zum Nachbarhund warf und den sie danach auf den Hürdenlauf schickten, wo gleich nach dem Start ihn das Hindernis zwang, auf den Weg zu achten und nicht auf das, was neben ihm geschah, und den sie zu den Rennen zurückbrachten und der nun mit Rivalen auf einer A-Bahn läuft. Sie halten die Nase nicht am Boden, um das Wild aufzuspüren, sie jagen mit den Augen, und ihre dunklen Augen lassen keine Bewegung der Beute aus ihrem Gesichtsfeld. Der Hase läuft auf einer Schiene und schlägt keinen Haken, den es zu parieren gälte. Die Hunde, die auch über Gräben und Böschungen hinwegjagen, gewöhnten sich an die planierte Gleichmäßigkeit einer Bahn. Sie berühren mit ihren Pfoten kaum den Rasen, und doch dröhnt der Boden vom Getrampel, und sie schleudern hinter sich Grasnarben hoch. Unter ihnen läuft auch der, welcher lange Zeit als Reservehund ans Rennen mitgenommen wurde und der bei seinem Trainer auf dem Land wohnt, wo ihn sein Besitzer regelmäßig besucht und auf den zum ersten Mal gesetzt wird. Er hebt ab. In der Luft wird sein schmaler Schädel flacher und sein schlanker Rumpf dünner. Die Verfolger werden von Feldstechern verfolgt. Die Hunde verlegen ihr Bellen ins Mienenspiel, gierig und lechzend, und im tropfenden Mundwinkel die Erinnerung an den Wolf. Über und hinter ihnen, die lautlos jagen, ein Getöse von Schreien, die Anfeuerungsrufe derer, die sich hinter der Abschrankung drängen, in den Händen die Wettscheine und das Programm, in dem eingetragen ist, woher der einzelne Läufer stammt und an welchem Rennen er zuletzt teilnahm, mit allen Fehlern, die er beging, und den Abständen zu den anderen Tieren. Einer der Läufer prescht nach vorn, ist bereits zweieinhalb Hundelängen voraus. Er stemmt sich mit den Hinterläufen ab und setzt zum Sprung im Galopp an. Die Rute bildet mit dem Rükken eine Gerade, federnd fängt das Tier sich mit den Vorderhänden auf, die geknickten Hinterbeine treiben mit einem kurzen Anstoß die vordern an, und hinter dem Tier treiben andere Beine andere Beine an. Die Meute jagt einen Hasen, der, auch wenn er getroffen würde oder gebissen, keine Schweißspur hinterläßt und der nicht verbluten kann, sondern nur rostet. Die Hunde haben, ohne sich zu berühren, einander von der Startbahn verdrängt, und einer zielt auf die Innenkante der Bahn. In der Kurve nehmen sie ihr Tempo leicht zurück; einer rutscht nach hinten, fängt sich auf und holt wiederum für die Gerade weit aus. Sie hetzen hinter etwas her, das sich bewegt. Doch dann, von einer Winde gezogen, verschwindet der Hase, ohne daß ihn ein Hetzhund gerissen hätte. Das flüchtige Objekt ist weg und leer das Gesichtsfeld und die Bahn zu Ende. Und sie, die keinen Fangbiß geben, haben längst die Linie überlaufen, sie hecheln und keuchen, das Laufen noch in den Beinen, zwischen den Gittern eines Maulkorbs wird das weiße Scherengebiß sichtbar, und die Lederriemen am Bauch zittern mit. In der tiefen geräumigen Brust schlägt ein Herz zum Zerspringen, mit einem unregelmäßigen aufgeregten Schlag. Die verrutschten Decken kleben an dem verschwitzten Fell. Es tropft den Tieren von den Lefzen, und einer gibt einen kurzen verlorenen Laut. Sie haben die Ohren nach hinten gelegt, und die Rute hängt ihnen wieder, leicht gebogen, zwischen den Hinterläufen. Aus dem Lautsprecher ertönt ein Name und andere folgen, wie der einen Nummer andere nachkommen. Namen und Nummern erscheinen auf einer Tafel, und vor Freude, Wut und Enttäuschung setzt ein Johlen ein. Auch der Hund, dessen Name zuoberst steht, läßt sich bereitwillig einfangen, und er geht rechts vom Mann an der Leine. Er war der schnellste von denen, die einem Stück Blech nachjagten, an dem ein Hasenfell befestigt ist.

PAUL AUSTER

Timbuktu

Es war drei Uhr nachmittags, und die Luft war erfüllt von den Geräuschen der Rasenmäher, Sprinkler und Vögel. Weit entfernt, auf einem unsichtbaren Highway im Norden, summte ein dumpfer Bienenschwarm von Verkehrslärm unter dem Vorstadthimmel. Jemand drehte ein Radio an, und eine Frauenstimme begann zu singen. In der Nähe lachte jemand. Es klang wie das Lachen eines kleinen Kindes, und als Mr. Bones schließlich an den Rand des Waldes kam, durch den er in der letzten halben Stunde gestreift war, schob er die Schnauze durchs Unterholz und sah, dass es sich wirklich um ein kleines Kind handelte. Ein flachsblonder Junge von zwei oder drei Jahren hockte drei Meter von ihm entfernt auf dem Boden, riss Grasbüschel aus und warf sie in die Luft. Jedes Mal, wenn ihm wieder ein Grasschauer auf dem Kopf landete, brach er in Lachen aus, klatschte in die Hände und hopste auf und ab, als sei er auf den erstaunlichsten Trick der Welt gekommen. Zehn, zwölf Meter hinter dem Jungen wanderte ein bebrilltes Mädchen mit einer Puppe auf dem Arm hin und her und sang dem Spielzeugbaby leise etwas vor, als wolle sie es in den Schlaf wiegen. Schwer zu schätzen, wie alt sie war. So zwischen sieben und neun, dachte Mr. Bones, aber sie hätte auch ziemlich groß für sechs oder ziemlich klein für zehn sein können, vielleicht sogar eine noch größere Fünfjährige oder eine noch kleinere Elfjährige. Links von dem Mädchen beugte sich eine Frau in weißen Shorts und einem weißen, hinterm Hals verknoteten Oberteil über ein Beet mit roten und gelben Blumen und jätete mit einem Pflanzenheber sorgsam Unkraut. Sie stand mit dem Rücken zu Mr. Bones, und weil sie einen Strohhut mit einer sehr breiten Krempe trug, war ihr Gesicht völlig verborgen. Er sah nur ihre Wirbelsäule, die Sommersprossen auf ihren schlanken Armen, den weißen Fleck eines Knies, doch selbst an diesen dürftigen Details konnte er erkennen, dass sie nicht alt war, höchstens siebenundzwanzig, achtundzwanzig, was womöglich bedeutete, dass sie die Mutter der beiden Kinder war. Mr. Bones hütete sich, näher zu kommen, blieb an Ort und Stelle und beobachtete die Szene von seinem Versteck am Waldrand aus. Er hatte keine Möglichkeit festzustellen, ob diese Familie für oder gegen Hunde war, ob sie ihn freundlich aufnehmen oder von ihrem Grundstück jagen würde. Eins stand allerdings fest. Er war auf einen sehr schönen Rasen gestoßen. Während er so dastand und den Streifen gutgepflegten grünen Samt betrachtete, der da vor ihm lag, wurde ihm klar, dass es keiner großen Phantasie bedurfte, um zu wissen, wie gut es sich anfühlen würde, sich auf dem Gras zu rollen und all die Gerüche aufzunehmen, die ihm entströmten.

Bevor er sich entschließen konnte, was er nun tun wollte, wurde ihm die Entscheidung abgenommen. Der Junge schleuderte zwei weitere Fäuste Gras in die Luft, doch diesmal fielen sie ihm nicht auf den Kopf wie zuvor, sondern wurden von einer kleinen Brise erfasst, die soeben aufgekommen war, und in Richtung Wald getragen. Der Junge drehte sich um, um den Flug der grünen Halme zu verfolgen, und als er den Blick Mr. Bones zuwandte, sah der seinen Gesichtsausdruck von der Nüchternheit wissenschaftlicher Beobachtung zu völliger Überraschung wechseln. Er war entdeckt. Der Junge sprang auf und kam, vor Freude quietschend, in seiner dicken Windel auf ihn zugewatschelt, und Mr. Bones, der seine ganze Zukunft auf dem Spiel stehen sah, beschloss, dass der Augenblick gekommen war, auf den er gewartet hatte. Er verschwand nicht im Wald, und er rannte nicht davon, sondern trat so ruhig, gelassen und vorsichtig, wie er nur konnte, hinaus auf den Rasen und ließ sich von dem Jungen in die Arme schließen. »Wauwau!«, quietschte der kleine Mann und drückte mit aller Kraft zu. »Lieber Wauwau. Großer alter, lustiger Wauwau.«

Dann kam das Mädchen mit der Puppe im Arm über den Rasen gelaufen und rief der Frau hinter sich etwas zu. »Schau mal, Mama«, sagte sie. »Schau mal, was Tiger gefunden hat.« Obwohl der Junge ihn weiter umarmte, durchfuhr Mr. Bones ein ziemlicher Schreck. Wo war dieser Tiger, von dem sie sprach und wie konnte ein Tiger hier herumschleichen, wo Menschen lebten? Willy hatte ihn mal in den Zoo mitgenommen, und er wusste alles über diese großen, gestreiften Dschungelkatzen. Sie waren sogar noch größer als Löwen, und wenn man je auf eines dieser scharfzahnigen Viecher stieß, durfte man seiner Zukunft getrost adieu sagen. Ein Tiger konnte einen in circa zwölf Sekunden in Stücke reißen, und was immer er von einem als ungenießbar übrig ließ, war ein Festmahl für die Geier und Würmer.

Und doch rannte Mr. Bones nicht weg. Er ließ sich weiter von seinem neuen Freund umschlingen, ertrug geduldig die ganze Last der phänomenalen Kräfte des kleinen Schlingels und hoffte, dass ihn sein Gehör getäuscht und er einfach nur missverstanden hatte, was das Mädchen gesagt hatte. Die volle Windel roch nach Urin, und über den scharfen Ammoniakgeruch hinweg konnte er Spuren von Möhren, Bananen und Milch erschnüffeln. Dann kauerte sich das Mädchen neben ihn, schaute ihn aus durch die Brille vergrößerten blauen Augen an, und plötzlich wurde das Geheimnis gelüftet. »Tiger«, sagte sie zu dem Jungen, »lass ihn los. Du erwürgst ihn ja.«

»Mein Wauwau«, sagte Tiger und umklammerte ihn noch fester, und obwohl Mr. Bones froh war zu hören, dass er nicht von einem wilden Tier verschlungen werden sollte, war der Druck um seinen Hals so stark, dass er zu zappeln begann. Der Junge mochte kein richtiger Tiger sein, aber das hieß noch nicht, dass er ungefährlich war. Auf seine Weise war er wohl mehr ein Tier als Mr. Bones.

Zum Glück kam in diesem Augenblick die Frau herbei, griff nach dem Arm des Jungen und befreite Mr. Bones von ihm, bevor er größeren Schaden anrichten konnte. »Vorsicht, Tiger«, sagte sie. »Wir wissen ja nicht, ob das ein netter Hund ist oder nicht.«

»Ach, der ist bestimmt nett«, sagte das Mädchen und tätschelte Mr. Bones sanft den Kopf. »Schau ihm doch nur mal in die Augen. Er ist ganz lieb, Mama. Ich würde sagen, das ist der liebste Hund, den ich je gesehen habe.«

Mr. Bones war erstaunt über diese außergewöhnliche Feststellung, und nur um zu beweisen, dass er tatsächlich ein guter Kerl war, ein Hund, der einem nichts nachtrug, schleckte er Tiger in einem Anfall von sabbernder Zuneigung das Gesicht ab. Der Kleine schrie vor Lachen, und obwohl er unter dem Angriff von Mr. Bones' Zunge schließlich das Gleichgewicht verlor, hielt der raubeinige Tiger das für die witzigste Sache, die er je erlebt hatte, und er lachte selbst dann noch unter dem Bombardement der Hundeküsse, als er auf den nassen Hintern fiel.

»Ja, nett ist er wohl«, sagte die Frau zu ihrer Tochter, als müsse sie ihr in einem wichtigen Punkt recht geben. »Aber schau dir nur mal diese gottserbärmliche Jammergestalt an. Ich glaube nicht, dass ich schon jemals ein dreckigeres, zerzausteres und heruntergekommeneres Geschöpf gesehen habe.«

»Nichts, was man nicht mit ein wenig Seife und Wasser wieder hinkriegen kann«, entgegnete das Mädchen. »Schau doch nur, Mama. Er ist nicht nur lieb, er ist auch klug.«

Die Frau lachte. »Woher willst du das denn wissen, Alice? Er hat doch noch gar nichts getan, außer deinem Bruder das Gesicht abzuschlecken.«

Alice kauerte sich vor Mr. Bones und nahm seinen Unterkiefer in die Hände. »Zeig uns doch mal, wie klug du bist, alter Junge«, sagte sie. »Zeig uns ein Kunststück oder so was, ja? Du weißt schon, dich rollen oder auf die Hinterbeine stellen. Zeig Mama, dass ich recht habe.«

Für einen Hund mit seinen Fähigkeiten waren das kaum schwierige Aufgaben, und Mr. Bones machte sich umgehend daran zu zeigen, was er konnte. Zuerst rollte er sich im Gras – nicht einmal, sondern gleich dreimal –, und dann spannte er den Rücken, zog die Vorderpfoten an die

Schnauze und erhob sich langsam auf die Hinterläufe. Es war schon Jahre her, dass er diesen Trick das letzte Mal versucht hatte, doch obwohl ihm alle Gelenke weh taten und er stärker schwankte, als ihm lieb war, schaffte er es, die Position drei oder vier Sekunden lang zu halten.

»Siehst du, Mama? Was hab ich dir gesagt?«, sagte Alice. »Er ist der klügste aller Hunde.«

Nun kauerte sich auch die Frau zum ersten Mal vor Mr. Bones, und obwohl sie eine Sonnenbrille trug und immer noch den Strohhut auf dem Kopf hatte, konnte er erkennen, dass sie mit ihren blonden, im Nacken gelockten Haaren und dem ausdrucksstarken, volllippigen Mund sehr schön war. Als sie ihn in ihrem trägen, langgedehnten Südstaatenakzent ansprach, schauderte es ihn inwendig, und als sie ihm mit der rechten Hand den Kopf tätschelte, hatte er das Gefühl, sein Herz müsste jeden Augenblick in tausend Stücke zerspringen.

»Du verstehst, was wir zu dir sagen, oder, mein Alter?«, sagte sie. »Du bist was ganz Besonderes, stimmt's? Und du bist müde und zerschlagen, und du brauchst was Anständiges im Magen. Das ist es doch, Oldtimer? Du bist einsam und verlassen, und du bist vollkommen erschöpft.«

Gab es je einen glücklicheren Hund als Mr. Bones an jenem Nachmittag? Ohne lange Umstände und ohne jeden weiteren Druck, sich einschmeicheln oder beweisen zu müssen, was für eine gute Seele er war, wurde der müde Hund vom Garten ins Familienheiligtum gebracht. Dort fraß er sich in einer strahlend weißen Küche satt, umgeben von frisch lackierten Küchenschränken und glänzenden metallenen Gerätschaften. Das Ganze hatte einen Anstrich von Opulenz, den er auf Erden nicht für möglich gehalten hätte. Er verschlang die übriggebliebenen Stücke Roastbeef, eine Schale Käsemakkaroni, zwei Dosen Thunfisch und drei rohe Hot Dogs, von den zweieinhalb Schüsseln Wasser, die er zwischen den Gängen wegschlappte, ganz zu schweigen. Er hatte sich zurückhalten und ihnen beweisen wollen, dass er ein Hund war, der nicht viel Futter brauchte und wirklich keine Mühe machte, doch als das Futter erst vor ihm stand, war sein Hunger einfach viel zu mächtig, und er vergaß den Schwur, den er geleistet hatte.

All das schien seine Gastgeber nicht zu stören. Sie waren gutherzige Menschen, und sie wussten, wann ein Hund Hunger litt, und wenn Mr. Bones so ausgehungert war, machte es sie glücklich, ihn zu beköstigen, bis er sich satt gefressen hatte. Er fraß in einer seligen Trance und kümmerte sich um nichts anderes, als Futter ins Maul zu bekommen und es die Kehle hinuntergleiten zu lassen. Als er endlich fertig war und aufblickte, um nachzuschauen, was die anderen machten, sah er, dass die Frau Hut und Sonnenbrille abgenommen hatte. Sie beugte sich vor, um die Schüsseln vom Boden aufzuheben, und er blickte ihr kurz in die graublauen Augen und erkannte, dass sie in der Tat eine große Schönheit war, eine jener Frauen, bei denen den Männern der Atem stockte, wenn sie ins Zimmer traten.

»Na, mein Alter«, sagte sie und strich ihm mit der flachen Hand über den Kopf, »fühlst du dich besser?«

Mr. Bones rülpste einmal leise und dankbar, und dann begann er ihr die Hand zu lecken. Plötzlich kam Tiger, den er fast schon wieder vergessen hatte, herbeigestürmt. Angelockt vom Geräusch des Rülpsers, das ihn köstlich amüsiert hatte, beugte er sich zu Mr. Bones' Gesicht vor und produzierte seinerseits ein Bäuerchen, was ihn noch mehr amüsierte. Das Ganze entwickelte sich zu einer weiteren wilden Szene, doch bevor die Sache außer Kontrolle geraten konnte, schnappte sich die Mutter den Kleinen und stand auf. Sie sah zu Alice hinüber, die an der Küchentheke lehnte und Mr. Bones ernsthaft und eingehend betrachtete. »Und was machen wir jetzt mit ihm, Baby?«, sagte die Frau.

»Ich finde, wir sollten ihn behalten«, erwiderte Alice.

»Das können wir nicht. Wahrscheinlich gehört er jemandem. Das wäre so wie Stehlen.«

»Ich glaube nicht, dass er auch nur einen einzigen Freund auf der Welt hat. Schau ihn dir doch an. Er ist bestimmt tausend Meilen weit gelaufen. Wenn wir ihn nicht aufnehmen, wird er sterben. Kannst du das vor deinem Gewissen verantworten, Mama?«

Das Mädchen hatte den Bogen raus, so viel stand fest. Sie wusste genau, was sie sagen musste und wann, und während Mr. Bones dastand und zuhörte, wie sie mit ihrer Mutter redete, fragte er sich, ob Willy die Macht gewisser Kinder nicht unterschätzt hatte. Alice mochte nicht der Boss sein, und sie mochte auch nicht die Entscheidungen treffen, aber ihre Worte trafen den Nagel auf den Kopf, und das musste zwangsläufig Wirkung erzielen und die Dinge eher in die eine als die andere Richtung lenken.

»Schau dir mal sein Halsband an, Liebling«, sagte die Frau. »Vielleicht findet sich da eine Name oder eine Adresse oder so was.«

Mr. Bones wusste genau, dass dem nicht so war, weil Willy sich nie mit Dingen wie Hundesteuern, Marken oder protzigen metallenen Namensschildchen abgegeben hatte. Alice kniete sich neben ihn und ließ das Halsband auf der Suche nach irgendwelchen Angaben zu seiner Identität oder der seines Besitzers durch ihre Finger gleiten, und da Mr. Bones schon wusste, wie die Suche ausgehen würde, machte er sich den Augenblick zunutze und genoss die Wärme ihres Atems, der ihm hinter dem rechten Ohr vorbeistrich.

»Nein, Mama«, sagte Alice schließlich. »Nur ein schlichtes abgeschabtes Halsband.«

Zum ersten Mal in der kurzen Zeit, die er sie kannte, sah der Hund, wie die Frau ins Zögern geriet. Leise Spuren von Verwirrung und Trauer stiegen ihr in die Augen. »Also, ich habe nichts dagegen, Alice«, sagte sie. »Aber ich kann erst ja sagen, wenn wir mit deinem Vater darüber gesprochen haben. Du weißt, wie sehr er Überraschungen hasst. Wir werden warten, bis er heute Abend nach Hause kommt, und dann werden wir gemeinsam entscheiden. In Ordnung?«

EVELYN WAUGH

Auf Posten

I

Millicent Blade nannte einen beachtlichen naturblonden Haarschopf ihr Eigen; sie war fügsam und zärtlich, und ihr Mienenspiel konnte blitzschnell zwischen Liebenswürdigkeit und Lachen, zwischen Lachen und respektvollem Interesse hin und her wechseln. Doch eines machte sie mehr als alles andere der gefühlsduseligen angelsächsischen Männerwelt lieb und teuer, und das war ihre Nase.

Diese Nase war nun keineswegs nach jedermanns Geschmack; so mancher wünscht da etwas mehr Statur; für Maler war die Nase wenig reizvoll, war sie doch viel zu klein und gänzlich ohne Form, ein weicher Klecks ohne jegliches erkennbare Knochengerüst; eine Nase, kurz gesagt, die es ihrer Trägerin unmöglich machte, sich hochmütig oder imposant oder schlau zu geben. Es war keine Nase für eine Gouvernante oder Cellistin, nicht einmal für eine Postbeamtin, aber für Miss Blade war sie gerade recht, denn solch eine Nase vermochte durch die dünne, rauhe Schale englischer Männerherzen bis mitten hinein in ihren weichen, warmen Kern zu dringen; sie lenkte ihre Gedanken zurück in die Schulzeit und zu den mehlgesichtigen kleinen

Mädchen, an die sie ihre ersten zarten Gefühle vergeudeten, zurück zu Umkleideraum und Kirche und verbeulten Strohhüten. Zwar mag es stimmen, dass drei von fünf Engländern auf diese Erinnerungen mit der Zeit herabblicken und Nasen bevorzugen, die in der Öffentlichkeit mehr hermachen, doch zwei von fünf – das ist ein Schnitt, mit dem ein Mädchen von bescheidenem Vermögen wohl einigermaßen zufrieden sein kann.

Hector küsste sie ehrfürchtig auf die Nasenspitze. Und sowie er das getan hatte, begannen seine Sinne, wild im Kreis zu wirbeln, und er sah im momentanen Taumel das schwindende Licht eines Novembernachmittags und die kalten Nebel über dem Rugbyplatz; überhitzte Jünglinge im Gedränge um den Ball; unterkühlte Jünglinge hinter den Linien, wo sie ihre kalten Füße auf den Planken vertraten, sich die Finger warm rieben und, wenn sie gerade keine Kekskrümel mehr im Mund hatten, ihre Mannschaft zu größerem Eifer anfeuerten.

»Du wirst doch auf mich warten?«, fragte er.

»Ja, Liebster.«

»Und mir schreiben?«

»Ja, Liebster«, antwortete sie, schon weniger entschieden, »manchmal … wenigstens werde ich's versuchen. Du weißt ja, Schreiben ist nicht meine Stärke.«

»Ich werde *da unten* die ganze Zeit an dich denken«, sagte Hector. »Es wird schrecklich sein – Meilen unpassierbarer Karrenpfade zwischen mir und den nächsten Weißen, blendende Sonne, Löwen, Moskitos, feindselige Eingeborene, Arbeit von Sonnenauf- bis -untergang, ich allein gegen die Gewalten der Natur, Fieber, Cholera … Aber ich werde bald nach dir schicken und dich zu mir holen können.«

»Ja, Liebster.«

»Es muss gutgehen. Ich habe alles mit Beckthorpe durchgesprochen – das ist der Mann, der mir die Farm verkauft hat. Weißt du, bisher hat es da nichts als Missernten gegeben – erst Kaffee, dann Sisal, dann Tabak, sonst kann man da ja nichts anbauen; in dem Jahr, als er Sisal anbaute, verdienten alle anderen sich mit Tabak dumm und dämlich, nur mit Sisal war nichts; dann pflanzte er Tabak an, aber da hätte er Kaffee anbauen sollen, und so weiter. Neun Jahre hat er durchgehalten. Aber wenn man es mathematisch durchrechnet, sagt Beckthorpe, muss man im Durchschnitt alle drei Jahre das Richtige treffen. Warum das so ist, kann ich dir auch nicht genau erklären, aber es ist so ähnlich wie beim Roulette und diesen ganzen Sachen.«

»Ja, Liebster.«

Hector starrte auf die formlose, bewegliche kleine Knopfnase und war wieder ganz weit weg … »Auf sie mit Gebrüll!« …, und nach der Schlacht der Duft der auf dem Gaskocher in seinem Zimmer röstenden Teekuchen …

II

Am Abend dinierte er mit Beckthorpe, und über dem Essen wurde er immer verzagter. »Morgen um diese Zeit bin ich auf See«, sagte er und drehte sein leeres Glas zwischen den Fingern.

»Kopf hoch, Junge«, sagte Beckthorpe.

Hector schenkte sich einen neuen Portwein ein und ließ mit wachsender Abneigung den Blick durch den stinkenden Speisesaal von Beckthorpes Club wandern. Das letzte schreckliche Mitglied war gegangen, und sie waren mit dem kalten Büfett allein. »Sehen Sie, ich hab mir das noch mal klarzumachen versucht. Sie sagten doch, *drei* Jahre muss man warten, bis die Ernte stimmt, nicht wahr?«

»Ganz recht, mein Lieber.«

»Also, das hab ich noch mal nachgerechnet, und wie mir scheint, können es auch einundachtzig Jahre sein, bis das eintrifft.«

»Nein, nein, mein Lieber! Drei oder neun, allerhöchstens siebenundzwanzig.«

»Sind Sie ganz sicher?«

»Ganz sicher.«

»Gut … Wissen Sie, es ist so schrecklich, Milly hier zurückzulassen. Wenn es nun *doch* einundachtzig Jahre dauert, bis die Ernte stimmt? Man kann von einem Mädchen schlecht verlangen, so lange zu warten. Es könnte irgendein anderer daherkommen, Sie verstehen.«

»Im Mittelalter hatte man dafür Keuschheitsgürtel.«

»Ja, ich weiß. Daran habe ich auch schon gedacht. Aber die scheinen doch verdammt unbequem zu sein. Ich glaube kaum, dass Milly einen tragen würde, selbst wenn ich an so etwas heranzukommen wüsste.«

»Ich will Ihnen etwas sagen, mein Lieber. Sie sollten ihr etwas schenken.«

»Mein Gott, ich schenke ihr doch immerzu etwas. Entweder macht sie es kaputt, oder sie verliert es oder weiß nicht mehr, woher sie es hat.«

»Es muss etwas sein, was sie immer bei sich hat; was die Zeit überdauert.«

»Einundachtzig Jahre?«

»Höchstens siebenundzwanzig. Es sollte sie immer an Sie erinnern.«

»Ich könnte ihr ein Foto von mir schenken – aber in siebenundzwanzig Jahren werde ich mich sicher ein wenig verändern.«

»Nein, das wäre vollkommen ungeeignet. Ein Foto taugt nichts. Ich weiß, was ich ihr schenken würde. Einen Hund.«

»Einen Hund?«

»Einen gesunden jungen Welpen, der über die Staupe weg ist und aussieht, als hätte er noch lange zu leben. Sie könnte ihn sogar Hector nennen.«

»Ob das gut ist, Beckthorpe?«

»Etwas Besseres gibt es nicht, mein Lieber.«

So eilte Hector denn am nächsten Morgen, ehe er in den Schiffszug stieg, zu einem dieser riesenhaften Londoner Kaufhäuser und ließ sich in die Tierabteilung führen. »Ich möchte ein Hündchen.«

»Sehr wohl, mein Herr. Soll es eine bestimmte Rasse sein?«

»Lange leben soll es. Einundachtzig Jahre, oder mindestens siebenundzwanzig.«

Der Verkäufer machte ein zweifelndes Gesicht. »Wir haben zwar ein paar schöne, gesunde Welpen«, meinte er, »doch eine Garantie können wir natürlich auf keinen geben. Aber wenn es Ihnen auf Langlebigkeit ankommt, kann ich Ihnen vielleicht zu einer Schildkröte raten. Die werden ungemein alt und sind robust im Verkehr.«

»Nein, es muss ein Hund sein.«

»Oder vielleicht ein Papagei?«

»Nein, nein, ein Hund. Am besten sollte er Hector heißen.«

Sie gingen an den Affen und Katzen und Kakadus vorbei und kamen in die Hundeabteilung, die selbst zu dieser frühen Morgenstunde schon eine kleine Gemeinde verzückter Bewunderer angelockt hatte. Hier warben in verdrahteten Käfigen Hündchen aller Sorten mit gespitzten Ohren und wedelnden Schwänzen geräuschvoll um Beachtung.

Hector fischte aufs Geratewohl einen Pudel heraus, und während der Verkäufer das Wechselgeld holen ging, beugte er sich zu einer kurzen, ernsten Zwiesprache mit dem Tier seiner Wahl hinab. Er sah ihm tief in das schlaue Gesichtchen, wich mit knapper Not den plötzlich zuschnappenden Zähnen aus und sagte feierlich:

»Hector, du wirst mir gut auf Milly aufpassen. Gib acht, dass sie niemand anderen heiratet, bevor ich zurück bin.«

Und Hündchen Hector wedelte mit dem Quastenschwanz.

III

Millicent, die ihn zum Zug bringen wollte, fuhr gedankenlos zum falschen Bahnhof, aber das machte nichts, denn sie war ohnehin zwanzig Minuten zu spät. Hector und der Pudel standen an der Sperre und hielten nach ihr Ausschau, und erst als der Zug sich schon in Bewegung setzte, drückte er das Tierchen Beckthorpe in den Arm und wies ihn an, es bei Millicent abzuliefern. Im Gepäcknetz über ihm lagen Koffer mit der Aufschrift »Mombasa« und »Reisegepäck«. Hector kam sich sehr vernachlässigt vor.

Am Abend, als das Schiff stampfend und schlingernd die Leuchttürme zum Ärmelkanal passierte, erhielt er ein Funktelegramm: *wegen missgeschick untroestlich – wie dumm nach paddington gehetzt – danke fuer suesses huendchen – liebe es sehr – vater wuetend – moechte bald von farm hoeren – fall nicht auf schiffssirene rein – alles liebe milly.*

Auf dem Roten Meer bekam er das zweite: *fernhalten von sirenen – huendchen hat mann namens mike gebissen.*

Und danach hörte Hector nichts mehr von Millicent, abgesehen von einer Weihnachtskarte, die Ende Februar eintraf.

IV

Im Allgemeinen währte Millicents Interesse an einem bestimmten jungen Mann vier Monate. Je nachdem, wie weit er es in dieser Zeit gebracht hatte, erlosch es mehr oder weniger plötzlich.

Ihrer Zuneigung zu Hector hätte die Stunde gerade zum Zeitpunkt ihrer Verlobung schlagen sollen, so aber zog sie sich noch drei Wochen künstlich in die Länge, in denen er sich eifrig und mit ansteckendem Ernst um eine Anstellung in England bemühte; doch mit seiner Abreise nach Kenia endete sie abrupt, und so begannen Hündchen Hectors Pflichten bereits am ersten Tag im neuen Heim. Er war sehr jung für eine solche Aufgabe und gänzlich unerfahren; deshalb kann man ihm den Fehler, den er im Falle Mike Boswell beging, unmöglich zum Vorwurf machen.

Besagter junger Mann unterhielt mit Millicent seit dem Tag ihres Debüts eine völlig unromantische Freundschaft. Er kannte ihre blonden Haare bei jedem Licht und in jeder Umgebung, gekrönt mit den Hüten der jeweils neuesten Mode, verziert mit Bändern und geschmückt mit Kämmen oder keck mit Blumen darin; ihre Nase hatte er sie bei jedem Wetter in die Luft recken sehen, sogar schon scherzhaft zwischen Daumen und Zeigefinger genommen – aber nie hatte er sich auch nur einen Augenblick im allermindesten zu ihr hingezogen gefühlt.

Aber das alles konnte Hündchen Hector natürlich nicht wissen. Er wusste nur, dass er sich schon am zweiten Tag im Amt einem stattlichen Mann im heiratsfähigen Alter gegenübersah, dessen Vertrautheit mit der Gastgeberin im Kreise der Tierpflegerinnen, unter denen Hector aufgewachsen war, nur *eine* Deutung zuließ.

Die beiden jungen Leute tranken Tee miteinander. Hector beobachtete sie eine Weile vom Sofa aus und konnte nur mit Mühe ein Knurren unterdrücken. Als Mike sich dann im Verlauf einer kaum verständlichen Wechselrede vorbeugte und Millicents Knie tätschelte, war das Maß voll.

Es war kein ernsthafter Biss, eigentlich nur ein leichtes Zuschnappen; aber Hectors Zähnchen waren nadelspitz. Nur weil Mike so schnell und erschrocken die Hand zurückriss, kam er zu Schaden; er fluchte laut und umwickelte die Hand mit einem Taschentuch, und erst als Millicent darauf bestand, enthüllte er schließlich die drei oder vier winzigen Wunden. Millicent schalt Hector und tröstete Mike und eilte dann zum Medizinschränkchen ihrer Mutter, um das Jodfläschchen zu holen.

Nun kann sich kein Engländer, selbst der phlegmatischste nicht, die Hand mit Jod betupfen lassen, ohne sich wenigstens vorübergehend zu verlieben.

Mike hatte die Nase schon unzählige Male gesehen, doch als sie sich an diesem Nachmittag über seinen lädierten Daumen beugte und Millicent fragte: »Tu ich dir sehr weh?« … und als sie sich ihm entgegenhob und Millicent sagte: »So, jetzt ist es wieder gut«, da sah Mike sie mit einem Mal so verklärt, wie ihre Anbeter sie sahen, und von Stund an und weit über die ihm zugestandenen drei Monate hinaus war er Millicents bedingungsloser Verehrer.

Hündchen Hector sah das alles und begriff seinen Fehler. Und er beschloss, er wolle Millicent nie wieder Anlass geben, nach der Jodflasche zu eilen.

V

Im Großen und Ganzen hatte er eine leichte Aufgabe, denn in aller Regel konnte man es getrost Millicents kapriziöser Natur überlassen, ihre jeweiligen Verehrer ohne jede Nachhilfe auf kurz oder lang bis aufs Blut zu reizen. Überdies hatte sie das Hündchen liebgewonnen. Sie bekam sehr regelmäßig Post von Hector, wöchentlich geschrieben und, je nach Postverbindung, in Vierer- oder Fünferpacken zugestellt. Sie öffnete sie immer und las sie manchmal auch von Anfang bis Ende, aber selten machte ihr der Inhalt Eindruck, und nach und nach geriet ihr Verfasser derart in Vergessenheit, dass sie, wenn Leute sie nach dem Befinden »des lieben Hector« fragten, gedankenlos antwortete: »Ich glaube, das heiße Wetter bekommt ihm nicht, sein Fell ist auch gar nicht mehr schön. Ich sollte ihn mal trimmen lassen«, anstatt: »Er hatte einen Malaria-Anfall, Schädlinge haben seine Tabakernte vernichtet.«

Hündchen Hector nutzte die ihm erwachsene Zuneigung aus und entwickelte eine Technik für den Umgang mit Millicents Verehrern. Nicht länger knurrte er sie an oder beschmutzte ihre Hosen, denn solches führte nur dazu, dass er des Zimmers verwiesen wurde; dafür fiel es ihm jedoch zunehmend leichter, die Unterhaltung an sich zu reißen.

Der Fünfuhrtee war die gefährlichste Tageszeit, denn da durfte Millicent in ihrem Wohnzimmer Freunde empfangen; heldenhaft simulierte Hector darum, obschon von Natur aus mehr für Pikant-Fleischiges zu haben, eine Vorliebe für Würfelzucker. Nachdem er dies ohne Rücksicht auf seine Verdauung etabliert hatte, war es ihm ein Leichtes, Millicent für Kunststückchen zu gewinnen; er machte Männchen und Bittebitte, lag wie tot da oder stellte sich in die Ecke und legte eine Pfote ans Ohr.

»Was bedeutet Zucker?«, pflegte Millicent zu fragen, worauf Hector ums Teetischchen herum zur Zuckerschale ging, mit ernstem Blick die Nase daran legte und das glänzende Silber mit seinem feuchten Atem trübte.

»Er versteht alles«, erklärte Millicent dann triumphierend.

Wenn Kunststücke nichts fruchteten, begehrte Hector,

hinausgelassen zu werden, und der jeweilige junge Mann sah sich genötigt, sich zu unterbrechen und ihm die Tür zu öffnen. Kaum draußen, kratzte Hector an der Tür und winselte um Wiedereinlass.

In Augenblicken höchster Not täuschte er Übelkeit vor – was ihm nach der ungeliebten Würfelzuckerdiät nicht sonderlich schwerfiel; er reckte den Hals nach vorn, würgte geräuschvoll, bis Millicent ihn sich schnappte und in die Diele trug, deren Marmorboden weniger empfindlich war – doch währenddessen war die zärtliche Atmosphäre gründlich zerstört, und die an ihre Stelle getretene Stimmung war jeglicher Romantik unzuträglich.

Dieses über einen ganzen Nachmittag verteilte und bei jedem erkennbar werdenden Versuch des Gastes, das Gespräch auf intimere Bahnen zu lenken, liebenswürdig aufgedrängte Repertoire ging einem jungen Mann nach dem anderen auf die Nerven, bis er ratlos und verzweifelt seiner Wege ging.

Jeden Morgen lag Hector auf Millicents Bett, während sie ihr Frühstück einnahm und die Tageszeitung las. Diese Stunde von zehn bis elf war dem Telefon gewidmet, und zu dieser Zeit suchten die jungen Männer, mit denen sie abends zuvor getanzt hatte, die Freundschaft zu erneuern und Pläne für den kommenden Tag zu machen. Zuerst war Hector, nicht ohne Erfolg, bestrebt, diese Verabredungen zu verhindern, indem er sich in der Telefonschnur verhedderte, doch bald bot sich eine gewitztere und beleidigendere Methode an. Er telefonierte einfach mit. Sowie es läutete, wedelte er mit dem Schwanz und legte auf eine, wie er gelernt hatte, sehr gewinnende Weise den Kopf schief.

Und wenn Millicent dann das Gespräch begann, drängelte er sich unter ihren Arm und stupste mit der Schnauze an den Hörer.

»Pass mal auf«, sagte sie dann, »da will *noch* jemand mit dir reden. Ist er nicht goldig?« Damit reichte sie den Hörer nach unten, und sofort schlug dem jungen Mann am andern Ende ein ohrenzerfetzendes Bellen entgegen. Millicent gefiel das so, dass sie oft nicht einmal abwartete, bis sie den Namen des Anrufers erfuhr, sondern den Hörer gleich nach dem Abheben vor die schwarze Schnauze hielt, und manch bedauernswerter Jüngling, der sich eine halbe Meile entfernt vielleicht um diese frühe Morgenstunde noch gar nicht richtig wohl in seiner Haut fühlte, ward niedergebellt, noch ehe er ein Wort gesagt hatte.

Andere junge Männer, die der Nase verfielen, lauerten Millicent im Hyde Park auf, wenn sie Hector ausführte. Zuerst verlief sich Hector dann, raufte mit anderen Hunden oder biss kleine Kinder, nur damit man ihn keinen Moment aus den Augen lassen konnte; doch bald schlug er einen sanfteren Weg ein: Er bestand darauf, Millicents Handtasche zu tragen. Damit trottete er vor dem Paar her, und sowie er eine Störung für angezeigt hielt, ließ er die Tasche fallen; der junge Mann fühlte sich verpflichtet, sie aufzuheben und zuerst Millicent, dann auf ihr Verlangen dem Hund wieder auszuhändigen. Nur wenige junge Männer waren unterwürfig genug, sich für mehr als einen Spaziergang solch demütigenden Umständen auszusetzen.

So vergingen zwei Jahre. Regelmäßig kamen Briefe aus Kenia, voller Liebeserklärungen und kleinen Katastrophenmeldungen – Trockenfäule im Sisal, Heuschrecken im Kaffee, Ärger mit den Arbeitern, der Regionalverwaltung, dem Weltmarkt. Hin und wieder las Millicent den Brief laut dem Hund vor, meist ließ sie ihn ungelesen auf dem Frühstückstablett liegen. Sie und Hector wandelten gemeinsam durch den müßigen Alltag des englischen Gesellschaftslebens. Überall, wohin sie ihre Nase trug, verliebten sich prompt zwei von fünf heiratsfähigen Männern wenigstens vorübergehend; und überall, wohin ihr Hector folgte, machte die Leidenschaft bald Ärger, Scham und Widerwillen Platz. Schon bemerkten Mütter selbstzufrieden, es sei doch eigenartig, dass diese hinreißende kleine Blade-Tochter nicht unter die Haube komme.

VI

Schließlich, im dritten Jahr seines Regimes, präsentierte sich Hector ein neues Problem in Gestalt des Baronets und Unterhausabgeordneten Major Sir Alexander Dreadnought, und Hector sah sofort, dass er es da mit einem weitaus schwierigeren Fall zu tun bekam als allen, mit denen er sich bisher zu befassen gehabt hatte.

Sir Alexander war kein Jüngling mehr, sondern ein fünfundvierzigjähriger Witwer. Er war wohlhabend, angesehen und von übermenschlicher Geduld; außerdem war er jemand – immerhin Jagdmeister einer Meute in den Midlands, Staatssekretär und ein durch große Tapferkeit verdienter Krieger. Millicents Eltern sahen mit Entzücken, dass die Nase ihre Wirkung auf ihn tat. Hector, der augenblicklich eine tiefe Abneigung gegen ihn fasste, wandte alle seine in zweieinhalbjähriger Praxis vervollkommneten Kniffe an und erreichte nichts. Schliche, die einem Dutzend junger Männer schwersten Verdruss bereitet hatten, schienen Sir Alexanders zärtliche Fürsorge nur noch zu steigern. Wenn er Millicent abends abholen kam, hatte er die Taschen seines Abendanzugs immer voll Würfelzucker für Hector; wenn Hector sich erbrach, war Sir Alexander als Erster bei ihm auf den Knien und breitete eine Seite der *Times* unter ihm aus; Hector fiel in frühere Unarten zurück und biss ihn verschiedentlich – und kräftig –, doch Sir Alexander meinte nur: »Ich glaube, ich mache das kleine Kerlchen eifersüchtig. Wie rührend!«

Die Wahrheit war nämlich, dass Sir Alexander solche Behandlung von frühester Jugend an gewöhnt war – seine Eltern, Schwestern, Schulkameraden, sein Kompaniefeldwebel und sein Oberst, seine Kollegen in der Politik, seine Frau, sein Jagdmeister und seine Jagdgefährten sowie der Vorsitzende des Jagdclubs, sein Wahlagent, seine Wähler und sogar sein Privatsekretär im Parlament, sie alle waren zu allen Zeiten über Sir Alexander hergefallen, und er akzeptierte solche Behandlung als etwas Selbstverständliches. Für ihn war es das Natürlichste auf der Welt, dass ohrenbetäubendes Bellen ihn begrüßte, wenn er die Liebste seines Herzens anrief; er betrachtete es als ein großes Privileg, ihre Handtasche aufheben zu dürfen, wenn Hector sie im Hyde Park fallen ließ; die kleinen Wunden, die Hector seinen Knöcheln und Handgelenken beizubringen vermochte, trug er wie ritterliche Ehrenmale. In ambitionierteren Momenten sprach er in Millicents Hörweite von Hector als »mein kleiner Rivale«. An seinen Absichten konnte nicht der mindeste Zweifel bestehen, und als er Millicent und ihre Mama zu sich aufs Land einlud, setzte er als Fußnote unter den Brief: »Natürlich ist Hector ebenfalls eingeladen.«

Der von Samstag bis Montag dauernde Besuch bei Sir Alexander war für den Pudel ein einziger Alptraum. Er schuftete wie noch nie; jeder Trick, mit dem er seine Anwesenheit verhasst machen konnte, wurde vergebens versucht – das heißt, soweit es seinen Gastgeber betraf. Der übrige Haushalt reagierte wie gewünscht, und einmal bekam Hector einen schmerzhaften Tritt verpasst, als er sich durch eigene schlechte Regie mit dem zweiten Diener, den er zuvor beim Tee mit einem Tablett voll Geschirr erfolgreich zu Fall gebracht hatte, allein in einem Raum fand.

Demütig wurde hier ein Benehmen akzeptiert, das Millicent in Schimpf und Schande aus einem Dutzend angesehener englischer Häuser verbannt hatte. Es waren noch andere Hunde zugegen – ältere, ernste und wohlerzogene Tiere, auf die Hector sich stürzte; sie wandten ob seines herausfordernden Gekläffs nur traurig die Köpfe ab; wenn er nach ihren Ohren schnappte, begaben sie sich gemessenen Schrittes außer Reichweite, und Sir Alexander ließ sie für die restliche Dauer des Besuchs einsperren.

Im Esszimmer lag ein aufregender Aubusson-Teppich, dem Hector irreparablen Schaden zufügen konnte; doch Sir Alexander schien es nicht zur Kenntnis zu nehmen.

Hector fand im Park ein Aas, und obschon das seiner Natur eigentlich zuwider war, wälzte er sich gewissenhaft darin, um, ins Haus zurückgekehrt, sämtliche Sessel im Salon damit zu besudeln; Sir Alexander persönlich half

Millicent, ihn zu baden, und brachte für das Unternehmen sogar das Badesalz aus seinem eigenen Bad.

Hector heulte die ganze Nacht; er versteckte sich und ließ das ganze Haus mit Laternen nach ihm suchen; er biss ein paar junge Fasane tot und wagte einen verwegenen Angriff auf einen Pfau. Nichts fruchtete. Zwar vermochte er einen tatsächlichen Heiratsantrag noch zu vereiteln – einmal in einer Gartenecke, einmal auf dem Weg zu den Ställen und einmal, während er gebadet wurde –, doch als er Sir Alexander am Montagmorgen sagen hörte: »Hoffentlich hat Hector der Besuch ein bisschen gefallen. Ich möchte ihn noch *sehr, sehr* oft hier sehen«, da wusste Hector, dass er geschlagen war.

Es war nur noch eine Frage der Zeit. Abends in London konnte er Millicent unmöglich ständig im Auge behalten, und so würde er denn eines schönen Tages aufwachen und Millicent ihren Freundinnen am Telefon die frohe Botschaft ihrer Verlobung verkünden hören.

So kam es, dass er nach langem Loyalitätskonflikt einen verzweifelten Entschluss fasste. Er hatte seine junge Herrin liebgewonnen; so manches Mal, wenn sie ihr Gesicht an seines drückte, hatte er mit all den jungen Männern gefühlt, die zu schikanieren seine Pflicht war. Aber Hector war kein charakterloser Köter. Nach dem Ehrenkodex aller wohlgeborenen Hunde zählt in erster Linie das Geld. Der Hand, die ihn kaufte, nicht der, die ihn füttert und streichelt, ist er zuvörderst Treue schuldig. Die Hand, die einst in der Tierhandlung des großen Kaufhauses die Fünfer hingeblättert hatte, bestellte jetzt die unfruchtbare äquatorialafrikanische Erde, aber die geheiligten Worte seiner Amtseinsetzung hallten noch in Hectors Ohren nach. Während der ganzen Sonntagnacht und der Reise am Montagmorgen rang Hector mit seinem Problem; dann fasste er einen Entschluss: *Die Nase muss ab.*

VII

Es ging ganz leicht; ein einziger kräftiger Biss, als sie sich über sein Körbchen beugte, und das Werk war vollbracht. Sie ging zu einem Schönheitschirurgen und kam ein paar Wochen später ohne eine Narbe oder einen Stich zurück. Doch es war eine andere Nase; der Chirurg war auf seine Art ein Künstler, und wie schon erwähnt, hatte Millicents Nase keine bildhauerischen Qualitäten. Nun besitzt sie einen schönen aristokratischen Erker – würdig der alten Jungfer, die zu werden sie im Begriff steht. Wie alle alten Jungfern wartet sie sehnsüchtig auf die Post aus dem Ausland und hält ein Kästchen voll niederschmetternder landwirtschaftlicher Meldungen sorgsam unter Verschluss; und wie alle alten Jungfern sieht man sie immer und überall in Begleitung eines alternden Schoßhunds.

MARTIN WALKER

Balzac

Die einzige andere Person, die mit ihm am Bahnsteig wartete, war die dicke Jeanne, eine immer gutgelaunte, fast kugelrunde Frau, die auf dem Markt die Standgebühren einsammelte und ihren Spitznamen – dicke Jeanne – humorvoll übernommen hatte. Sie teilte Bruno mit, auf dem Weg nach Agen zu sein, um ihre Schwester für ein paar Tage zu besuchen. Dass er auf seine ehemalige Geliebte, die Inspectrice wartete, würde sich sehr wahrscheinlich in Windeseile herumgesprochen haben. Aber erst in ein paar Tagen, beruhigte sich Bruno, es sei denn, Jeanne fände die Nachricht so prickelnd, dass sie, kaum im Zug, ihr Handy aus der Tasche holen würde.

»Bist du verabredet?«, fragte Jeanne, nachdem sie sich mit *bisous* begrüßt hatten. Man sah, dass ihr die Frage unter den Nägeln brannte, wer wohl mit dem Zug aus Perigueux, Limoges oder gar Paris kam, um ihn zu treffen. »Was Offizielles, nicht wahr? Wegen dieser Teufelsgeschichte?«

»Ich erwarte eine Kollegin aus Paris. Du wirst dich bestimmt an sie erinnern«, antwortete er.

In diesem Moment war in der Ferne die Zugpfeife zu hören. Gleich darauf senkte sich die automatische Schranke vor dem Bahnübergang. »O ja, ich erinnere mich«, sagte sie. Und plötzlich schien ihr durch den Kopf zu gehen, dass er doch jetzt angeblich eine Liaison mit der verrückten, aber allseits beliebten Engländerin hatte.

Bruno fragte sich, wie es wohl wäre, in Paris oder einer anderen Großstadt zu leben, wo er in der Masse fremder Menschen anonym bleiben könnte, ohne befürchten zu müssen, dass gleich die ganze Stadt davon erfuhr, mit wem er verkehrte. Der Zug rollte in den Bahnhof ein und bremste ab. Obwohl er nur knapp eine Minute halten würde, ließ sich Jeanne mit dem Einsteigen Zeit. Offenbar brannte sie darauf, einen Blick auf die Polizistin aus Paris werfen zu können und ihren Verdacht bestätigt zu sehen, dass Bruno eine alte Affäre wiederaufleben ließ.

»*Ça va,* Bruno?«, fragte Isabelle, kaum dass sich die Wagentür geöffnet hatte. Ihr Lächeln ging ihm durch und durch. Ihr Kinn und die Wangenknochen waren immer noch so scharf ausgeprägt, wie nach ihrem Gewichtsverlust infolge der Schussverletzung. Offenbar hatte sie, ohnehin eher schlank, kaum wieder zugenommen. Wie immer trug sie Schwarz, einen Regenmantel, der bis zu den Knöcheln reichte, und eine Hose mit breitem roten Ledergürtel, passend zu ihrem Lippenstift. Die Haare waren noch kürzer geschnitten, was sie sich dank ihrer bezaubernd schönen Kopfform leisten konnte. Einen Millimeter weniger, und sie hätte einen Bürstenhaarschnitt, dachte Bruno. In der einen Hand hielt sie einen kleinen Reisekoffer, in der anderen einen Stock. An ihrer Schulter hing eine Laptoptasche, und vor ihren Füßen stand eine würfelförmige Box aus Kunststoff.

Bruno hütete sich, einen Blick auf den Stock zu werfen, den sie, wie er hoffte, bald nicht mehr nötig haben würde.

Er nahm ihr den Koffer ab und griff nach der Box. Weil er keine Hand frei hatte, deutete er eine Umarmung mit den Oberarmen an. In der Box rutschte etwas hin und her.

»Sei vorsichtig damit, Bruno. Da ist was Lebendiges drin«, sagte Isabelle. Jeanne konnte sich vom Anblick der beiden kaum losreißen, musste aber einsteigen, weil die Türen zugingen. Als der Zug losfuhr, drückte Isabelle Bruno fest an sich. So wie eine liebevolle Verwandte und nicht wie eine ungeduldige Geliebte, dachte Bruno.

»Was meinst du mit ›Was Lebendiges‹?«, fragte er. Da hörte er ein leises Winseln aus der Box, die ohne sein Zutun an seiner Hand in Bewegung zu geraten schien.

»Das ist der Mann, der in meinem Schlafzimmer übernachtet«, sagte sie und rückte von ihm ab, um ihm ins Gesicht zu blicken, hielt aber immer noch seine Hand gefasst. »Ein Geschenk von mir und dem Brigadier. Ich möchte, dass du ihn Balzac nennst.«

Bruno ging in die Knie, stellte die Box ab und sah, dass sie an einer Seite mit einem Metallgitter verschlossen war, hinter dem eine rosarote Zunge und glänzende Welpenaugen zu erkennen waren. Die Pfoten wirkten viel zu groß für den kleinen Körper, und die Ohren waren so lang, dass sie bis auf die Zeitungsschnipsel herabreichten, mit denen die Box ausgelegt war. Beim Anblick des kleinen Bassets hüpfte Brunos Herz vor Freude, obwohl es ihn gleichzeitig ein wenig ärgerte, dass Isabelle seinen Wunsch, den neuen Hund selbst auszuwählen, offenbar nicht verstanden hatte. Er öffnete das Gitter, worauf das Hündchen heraussprang, sich über das Knie bis in seine Arme hochhangelte und ihm das Gesicht leckte.

»Er scheint dich bereits adoptiert zu haben«, kommentierte Isabelle.

»Balzac«, murmelte Bruno. Er hob den Welpen mit beiden Händen in die Höhe und begutachtete ihn mit den Augen eines Jägers.

Die schneeweißen, kurzen, aber kräftigen Beinchen strampelten eifrig durch die Luft. Die Hüfte war fast so breit wie die Schulter. Brust und Bauch schimmerten rosig, und das Fell, an den Seiten braun, wurde zum Rücken hin schwarz. Der Kragen war weiß, ebenso wie die Schwanzspitze, was charakteristisch für einen Basset war. Im Unterholz des Waldes würde er gut zu erkennen sein. Die Sohlen von Balzacs Pfoten waren noch weich und rosa, und die kleinen Zähne spitz wie Nadeln. Auf dem Kopf war ein weißer Streifen, der bis zwischen die Augen reichte und ihm einen klugen, verständigen Ausdruck verlieh. Das Hündchen stammte unverkennbar aus einer reinrassigen Zucht, was Bruno aber nur am Rande registrierte, denn er hatte sich auf Anhieb in das Tier verliebt.

»Ich fand's eigentlich nicht richtig, dass wir einen Hund für dich aussuchen und dir nicht selbst die Wahl überlassen«, sagte Isabelle mit einem für sie ungewohnt nervösen Ton in der Stimme. »Aber der Brigadier bestand darauf. Er hat den Vorsitzenden eines Jagdvereins in Cheverny angerufen und darum gebeten, aus den besten Bassets Frankreichs das hübscheste Exemplar auszusuchen.«

Sie erklärte, dass Balzac aus dem Zwinger des legendären französischen Züchters Léon Verrier stammte und dass seine Großmutter mit der amerikanischen Stonewall-Jackson-Linie gekreuzt worden sei.

»Wusstest du, dass der Marquis de Lafayette George Washington Bassets geschenkt hat, als wir den Amerikanern geholfen haben, sich von den Briten zu befreien?«, unterbrach Bruno.

Sie schüttelte den Kopf und sagte: »So weit ging mein Briefing nicht.«

Sie legte eine Hand auf seine Schulter, die Balzac sofort abzuschlecken begann. »Hör mir zu, Bruno. Ich habe diese kleine Rede extra für dich auswendig gelernt.«

Sie räusperte sich und schloss die Augen, um neu anzusetzen. Bruno hielt das Hündchen an die Brust gedrückt und ließ sich von ihm das Kinn lecken.

»Uns ist natürlich klar, dass sich Gigi nicht ersetzen lässt, aber mit Balzac wollen sich der Innenminister und sein Stab persönlich bei dir bedanken. Für den Kauf stand uns ein Betrag aus dem Haushalt des Ministeriums zur Verfügung, aber als der Züchter hörte, wie Gigi ums Leben gekommen ist, hat er uns Balzac geschenkt. Auf unser Betreiben hin wurde im Hauptquartier des 132sten Hundebataillons bei Suippes im Département Marne Gigis Name in die Ehrenrolle eingetragen.«

Sie öffnete die Augen wieder und lächelte strahlend. »O ja, und sie werden sich in ein paar Jahren bei dir melden, um nachzufragen, ob Balzac Nachwuchs bekommen hat. Für den interessieren sie sich nämlich.«

Brunos Augenbrauen gingen nach oben. »Das ist doch ein Witz, oder?«

Isabelle schüttelte den Kopf. »In Frankreich werden mehr Hunde für militärische Zwecke angeschafft und ausgebildet als in jedem anderen Land. Das habe ich erfahren, als ich mit dem Brigadier in Suippes war, wo mit siebenhundert Hunden der größte Zwinger in Europa unterhalten wird.«

Bruno legte ihr seinen freien Arm um die Taille und drückte sie an sich. Der kleine Balzac leckte nun abwechselnd sie und ihn.

»Der Hund ist wunderbar, und ich freue mich sehr. Vielen Dank«, sagte er und versuchte, für seinen Kuss eine Stelle in ihrem Gesicht zu finden, die nicht von Balzacs Köpfchen und seinen großen Ohren versperrt war. »Ich werde dir einen Brief für den Brigadier mitgeben, in dem ich mich auch bei ihm bedanke. Und gib mir bei Gelegenheit bitte die Adresse des Zwingers. Dass der Hund von dir kommt, ist umso schöner, weil ich jetzt auf regelmäßige Mutterbesuche hoffen darf.«

»Mutter?«, entgegnete sie mit gespieltem Entsetzen und drehte Balzacs Kopf zur Seite, um ihm zur Abwechslung auch ein Küsschen zu geben. »Dafür bin ich das falsche Mädchen, Bruno. Das ist das Letzte, was ich will.«

»Was ich im Augenblick will, ist ein Mittagessen«, erwiderte Bruno. »Bei Ivan gibt's Bohnensuppe in einer Brühe aus ausgekochten Schweineschwänzen.«

ANTON ČECHOV

Ein Chamäleon

Über den Marktplatz geht der Polizeiaufseher Očumelov, er hat einen neuen Mantel an und trägt ein Bündel in der Hand. Hinter ihm her stolziert ein rothaariger Schutzmann mit einem Korb, der bis an den Rand mit beschlagnahmten Stachelbeeren gefüllt ist. Ringsum ist alles still ... Keine Menschenseele ist auf dem Platz ... Die offenen Türen der Läden und Schenken schauen trostlos in die Welt, wie hungrige Mäuler; nicht einmal Bettler halten sich in ihrer Nähe auf.

»Du willst beißen, du verfluchtes Biest?« hört Očumelov plötzlich. »Leute, laßt ihn nicht weglaufen! Heutzutage ist es nicht erlaubt zu beißen! Halt! Ah ... ah!«

Man hört das Winseln eines Hundes. Očumelov blickt zur Seite und sieht: Aus dem Holzlager des Kaufmanns Pičugin kommt ein Hund gelaufen; er humpelt auf drei Beinen und sieht sich immerzu um. Ihm nach jagt ein Mann in einem gestärkten Kattunhemd und aufgeknöpfter Weste. Er rennt hinter ihm her, streckt den Oberkörper vor, fällt hin und packt den Hund an den Hinterpfoten. Erneut hört man das Winseln des Hundes und den Schrei: »Laßt ihn nicht weglaufen!« Aus den Läden gucken verschlafene Gesichter, und bald ist beim Holzlager, wie aus dem Erdboden gestampft, eine Menschenmenge versammelt.

»Euer Wohlgeboren, hier scheint etwas nicht in Ordnung zu sein«, meint der Schutzmann.

Očumelov macht eine Vierteldrehung nach links und schreitet zu dem Menschenauflauf. Dicht neben dem Lagertor sieht er den obenerwähnten Mann mit der aufgeknöpften Weste stehen; er hält die rechte Hand hoch und zeigt der Menge einen blutigen Finger. Auf seinem Säufergesicht scheint geschrieben zu stehn: Das wirst du mir teuer bezahlen, du Schurke! Und der Finger selbst sieht wie ein Siegesbanner aus.

In diesem Mann erkennt Očumelov den Goldschmiedemeister Chrjukin. Inmitten der Menschenmenge sitzt, die Vorderbeine gespreizt und am ganzen Körper zitternd, der Urheber des Tumultes – ein junger weißer Windhund, mit spitzer Schnauze und einem gelben Fleck auf dem Rücken. In seinen tränenfeuchten Augen liegt ein Ausdruck von Trauer und Entsetzen.

»Was ist hier vorgefallen?« fragt Očumelov und drängt sich durch die Menge. »Weshalb seid ihr hier? Wozu hältst du den Finger so? Wer hat geschrien?«

»Ich gehe, Euer Wohlgeboren, tue niemandem etwas ...« beginnt Chrjukin und hustet in die Faust. »Will zu Mitrij Mitrič wegen Holz – und plötzlich schnappt dieses Biest für nichts und wieder nichts nach meinem Finger ... Entschuldigen Sie, ich bin ein Mensch, der arbeitet ... Hab eine feine Arbeit. Man soll mir bezahlen, wenn ich diesen Finger vielleicht eine Woche lang nicht bewegen kann ... Das steht in keinem Gesetz, Euer Wohlgeboren, daß man wegen so einem Luder leiden muß ... Wenn jeder beißen wollte, wäre es besser, nicht auf dieser Welt zu leben ...«

»Hm …! Gut …« sagt Očumelov streng, wobei er hustet und die Augenbrauen bewegt. »Gut … Wessen Hund ist das? Das lasse ich nicht auf sich beruhen. Ich werde euch schon zeigen, was es heißt, Hunde so herumlaufen zu lassen! Es ist jetzt an der Zeit, mal die Aufmerksamkeit auf solche Herrschaften zu lenken, die sich den Verordnungen nicht fügen wollen! Wenn man diesen Schurken bestraft, so wird er schon von mir erfahren, was ein Hund und so ein herumstreunendes Vieh bedeutet! Ich werde ihm zeigen, was eine Harke ist …! Eldyrin«, der Polizeiaufseher wendet sich an den Schutzmann, »stell fest, wessen Hund das ist, und nimm ein Protokoll auf! Und den Hund muß man beseitigen. Unverzüglich! Der ist bestimmt tollwütig … Wessen Hund ist das, frage ich?«

»Das ist offenbar der vom General Žigalov«, sagt jemand aus der Menge.

»Vom General Žigalov? Hm … Nimm mir mal, Eldyrin, den Mantel ab … Furchtbar heiß ist es! Man muß annehmen, es gibt Regen … Eines verstehe ich nur nicht: wie konnte er dich beißen?« wendet sich Očumelov an Chrjukin. »Kommt er überhaupt an deinen Finger? Er ist doch klein, und du, was bist du für ein langes Ende! Du hast dir wahrscheinlich den Finger an einem Nagel aufgerissen, und dann kam dir die Idee, aus der Sache Geld zu schlagen … Man kennt euch schon! Ich weiß Bescheid, ihr Teufel!«

»Er hat ihm, Euer Wohlgeboren, eine Zigarette in die Schnauze gesteckt, aus Spaß, und der war nicht dumm und schnappte zu … Ein streitsüchtiger Mensch, Euer Wohlgeboren!«

»Das lügst du, Einäugiger! Hast es nicht gesehen, wozu lügst du also? Seine Wohlgeboren sind ein kluger Herr und verstehen, wer da lügt und wer nach bestem Gewissen wie vor Gott … Und wenn ich lüge, dann soll der Friedensrichter entscheiden. Bei ihm steht's im Gesetz … Heutzutage sind alle gleich … Ich selbst habe einen Bruder bei den Gendarmen … wenn Ihr's wissen wollt …«

»Red nicht soviel!«

»Nein, der ist nicht vom General …« bemerkt der Schutzmann nachdenklich. »Solche hat der General nicht. Der hat meist Jagdhunde …«

»Weißt du das bestimmt?«

»Bestimmt, Euer Wohlgeboren …«

»Ich weiß es auch. Der General hat teure Rassehunde, und das da, weiß der Teufel, was das für einer ist! Kein Fell, sieht nach nichts aus … ein richtiges Scheusal … Und solch einen Hund soll einer halten?! Wo habt ihr euren Verstand? Wenn man solch einen Hund in Petersburg oder Moskau anträfe, wißt ihr, was da passieren würde? Dort würde man nicht erst auf das Gesetz sehen, sondern auf der Stelle – weg damit! Chrjukin, du hast gelitten, laß die Sache nicht auf sich beruhen … Man muß ein Exempel statuieren! Es ist höchste Zeit …«

»Aber vielleicht ist es doch der vom General«, denkt der Schutzmann laut. »Auf der Schnauze steht's ihm nicht geschrieben … Neulich hab ich so einen bei ihm auf dem Hof gesehn.«

»Klar, vom General!« ruft eine Stimme aus der Menge.

»Hm …! Leg mir mal, mein lieber Eldyrin, den Mantel um … Ein kühler Wind kommt auf … Mich fröstelt … Du bringst ihn zum General und fragst dort nach. Du sagst, ich hätte ihn gefunden und schickte ihn … Und sag, daß man ihn nicht auf die Straße lassen soll … Er ist vielleicht teuer, und wenn jedes Schwein ihm eine Zigarette in die Schnauze steckt, so wird man ihn über kurz oder lang verderben. Ein Hund ist ein zartes Geschöpf … Und du, Tölpel, nimm die Hand runter! Du brauchst deinen dummen Finger nicht hochzuhalten! Bist selber schuld …!«

»Da kommt der Koch vom General, fragen wir ihn … He, Prochor, komm mal her, mein Lieber! Sieh dir mal den Hund an … Gehört er euch?«

»Wo denkst du hin? Solche haben wir nie im Leben gehabt!«

»Es hat keinen Zweck, noch länger zu fragen«, sagt Očumelov. »Das ist ein herrenloser Hund! Es lohnt sich nicht, hier noch lange herumzureden … Wenn ich gesagt habe, er ist herrenlos, dann ist er herrenlos … Umbringen, und fertig.«

»Das ist nicht unsrer«, fährt Prochor fort. »Der gehört dem Bruder des Generals, der neulich gekommen ist. Unser Herr ist kein Freund von Windhunden. Sein Bruder hat sie gern …«

»Ist denn sein Bruder gekommen? Vladimir Ivanyč?« fragt Očumelov, und er lächelt vor Rührung über das ganze Gesicht. »Sieh mal einer an! Und ich habe nichts davon gewußt. Ist er zu Besuch gekommen?«

»Ja …«

»Na, sieh mal einer an … Hatte Sehnsucht nach dem Brüderchen … Das habe ich gar nicht gewußt! Das ist also sein Hündchen? Sehr erfreut … Nimm es … Das Hündchen ist schon gut … So ein flinkes … Hat den da am Finger gepackt! Hahaha … Na, warum zitterst du? Rrr … Rr … Der Schelm ist böse … so ein süßes Hundevieh …«

Prochor ruft den Hund und entfernt sich mit ihm vom Holzladen …

Die Menge lacht Chrjukin aus.

»Ich erwische dich noch!« droht ihm Očumelov, hüllt sich in den Mantel und setzt seinen Weg über den Marktplatz fort.

JAMES HERRIOT

Der Doktor und das liebe Vieh

Es war heiß in dem kleinen, wackeligen Bus, und ich saß auf der falschen Seite, dort, wo die Strahlen der Julisonne auf die Fenster brannten. Ich fühlte mich unbehaglich in meinem besten Anzug und versuchte mit einem Finger den engen weißen Kragen zu lockern. Es war verrückt, sich bei diesem Wetter so anzuziehen, aber ein paar Meilen entfernt wartete mein künftiger Chef auf mich, und ich musste einen guten Eindruck machen.

So vieles hing von diesem Gespräch ab. Die Lage eines frischgebackenen Tierarztes im Jahr 1937 entsprach der eines Arbeitslosen, der sich in die Schlange der Wartenden einreiht. Die Landwirtschaft befand sich in einer schweren Krise, nachdem die Regierung sie zehn Jahre lang vernachlässigt hatte; das Zugpferd, das die Hauptstütze unseres Berufs gewesen war, wurde immer seltener. Es war leicht, ein Prophet des Untergangs zu sein, denn die jungen Leute, die nach fünf Jahren Schufterei vom College kamen, sahen sich einer Welt gegenüber, die keine Verwendung für ihren Enthusiasmus und ihre Wissensfülle hatte. Gewöhnlich wurden jede Woche im *Record* zwei oder drei feste Stellen angeboten, und auf jedes Angebot meldeten sich etwa achtzig Bewerber.

Es erschien geradezu unglaublich, als der Brief aus Darrowby in den Yorkshire Dales eintraf. Der Tierarzt Siegfried Farnon wollte mich am Freitagnachmittag kennenlernen; ich sollte zum Tee kommen, und wenn wir uns verstanden, konnte ich als Assistent bleiben. Ich hatte skeptisch nach der Rettungsleine gegriffen; die meisten Freunde, die mit mir zusammen Examen gemacht hatten, waren stellungslos oder arbeiteten als Verkäufer oder auf den Werften, sodass ich kaum noch auf eine andere Zukunft für mich zu hoffen wagte.

Wieder ging der Bus in eine steile Kurve. Wir waren auf den letzten fünfzehn Meilen ständig bergauf gefahren und näherten uns den fernen blauen Höhen des Penninischen Gebirges. Ich war noch nie in Yorkshire gewesen, doch der Name erweckte in mir immer die Vorstellung von einer Landschaft, die so langweilig und unromantisch war wie der berühmte Yorkshire-Pudding. Ich erwartete also etwas Solides, eine Landschaft bar jeden Charmes. Aber als der Bus stöhnend immer höher kletterte, begann ich zu staunen. Die formlosen Höhen lösten sich auf in hohe grasbedeckte Hügel und weite Täler. Auf dem Grund der Täler schlängelten sich Flüsse zwischen Bäumen hindurch, und Bauernhäuser lagen inmitten hellgrünen Ackerlandes, das sich wie Zungen die Berghänge hinauf in die dunkle Flut der auf den Gipfeln wuchernden Heide schob.

Ich beobachtete, wie die Zäune und Hecken trockenen Steinmauern wichen, die die Straßen säumten, die Felder umschlossen und sich weithin über die kahlen Höhen zogen. Überall zeichneten Mauern, unzählige Meilen von Mauern, ihr Muster in das grüne Hochland ein.

Aber je näher ich meinem Ziel kam, desto mehr beschäftigten mich die Schauergeschichten, die ältere Semester, verbittert nach ein paar Monaten Praxis, mit aufs College zurückgebracht hatten. Ihnen zufolge waren Assistenten der letzte Dreck und wurden von herzlosen, gemeinen Vorgesetzten nach Strich und Faden ausgenutzt. So berichtete Dave Stevens, während er sich mit zitternder Hand eine Zigarette anzündete: »Niemals einen freien Abend oder Nachmittag. Ich musste seinen Wagen waschen, den Garten umgraben, den Rasen mähen, die Einkäufe für die Familie erledigen. Aber als er mir auftrug, den Kamin zu kehren, da bin ich gegangen.« Und Willie Johnstone: »Als Erstes musste ich einem Pferd den Magenschlauch verpassen. Schob ihn in die Luftröhre statt in die Speiseröhre. Ein paarmal schnell gepumpt, und das Pferd ging mit einem Höllenkrach zu Boden – mausetot. Davon habe ich diese grauen Haare bekommen.« Oder die entsetzliche Geschichte, die man sich von Fred Pringle erzählte. Fred hatte einer Kuh mit Blähungen einen Trokar eingeführt, und der Bauer war so beeindruckt, als das angestaute Gas aus dem Bauch zischte, dass Fred sich dazu verleiten ließ, sein Feuerzeug an die Kanüle zu halten. Ein donnernder Feuerstrahl fuhr in einige Strohbündel, und der Kuhstall brannte bis auf die Grundmauern nieder. Fred hatte unmittelbar danach eine Stellung in den Kolonien angetreten – Leeward Islands, glaube ich.

Himmel, das konnte doch nicht wahr sein. Ich verfluchte meine überhitzte Phantasie; ich rieb meine schwitzenden Handflächen an den Knien und versuchte mich auf den Mann zu konzentrieren, den ich treffen sollte.

Siegfried Farnon. Seltsamer Name für einen Veterinär in

den Yorkshire Dales. Wahrscheinlich ein Deutscher, der in unserem Land studiert und dann eine Praxis eröffnet hatte. Ursprünglich war sein Name wohl gar nicht Farnon gewesen; vermutlich Farrenen. Ja, Siegfried Farrenen. Er nahm langsam Gestalt an: klein, fett und rund, mit fröhlichen Augen und einem sprudelnden Lachen. Aber gleichzeitig kämpfte ich gegen die Zwangsvorstellung von einem klobigen, stoppelhaarigen Teutonen mit kalten Augen an.

Ich bemerkte, dass der Bus eine schmale Straße entlangratterte, die zu einem Platz führte. Dort hielten wir an. Über dem Fenster einer bescheidenen Kolonialwarenhandlung las ich *Konsumgenossenschaft Darrowby*. Wir waren angekommen.

Ich stieg aus. Neben meinem abgenutzten Koffer stehend, blickte ich mich um. Irgendetwas war ungewöhnlich, aber anfangs wusste ich nicht, was es war. Dann wurde mir klar, was mich befremdete – die Stille. Die anderen Fahrgäste hatten sich zerstreut, der Motor lief nicht mehr, ringsum rührte sich nichts. Das einzige sichtbare Zeichen von Leben waren einige alte Männer, die um einen Uhrturm in der Mitte des Platzes herumsaßen, aber sie hätten aus Stein gemeißelt sein können.

Über Darrowby las man nicht viel in den Reiseführern, doch wenn es erwähnt wurde, beschrieb man es als eine graue Kleinstadt am Fluss Darrow ohne jede Besonderheit mit Ausnahme zweier alter Brücken. Aber wenn man das Städtchen betrachtete, war seine Szenerie zauberhaft: der Fluss voller Kieselsteine und dahinter die Häuser, dicht zusammengedrängt und unregelmäßig über die unteren Hänge des Herne Fell verstreut. Überall in Darrowby konnte man die stille grüne Masse des Herne Fell mehr als zweitausend Fuß über den Dächern aufragen sehen.

Trengate war eine ruhige Straße, die vom Platz abging, und jetzt sah ich zum ersten Mal Skeldale House. Ich wusste schon, dass es das richtige Haus war, bevor ich nahe genug war, um *S. Farnon, Tierarzt,* auf der altmodischen Messingtafel lesen zu können, die ein wenig schief an dem Eisengitter hing. Ich erkannte das Haus an dem Efeu, der sich unregelmäßig an der mürben Backsteinwand emporrankte. Es war genau so, wie es in dem Brief stand – das einzige Haus mit Efeu; und hier würde ich vielleicht zum ersten Mal als Tierarzt arbeiten.

Jetzt, da ich vor der Tür stand, war ich außer Atem wie nach einem schnellen Lauf. Wenn ich die Stellung bekam, würde ich hier herausfinden müssen, was in mir steckte. Es galt so vieles zu beweisen.

Aber das alte Haus gefiel mir. Es war in georgischem Stil gebaut, mit einem schönen weiß getünchten Portal. Auch die Fenster waren weiß gestrichen – hoch und breit im Erdgeschoss und im ersten Stock, klein und quadratisch in den Mansarden unter den überhängenden Dachziegeln. Die Farbe blätterte ab, und der Mörtel zwischen den Ziegeln sah bröckelig aus, aber dem Ganzen haftete ein unvergänglicher Charme an. Es gab keinen Vorgarten, nur ein Gitterzaun trennte das Haus von der Straße.

Ich läutete, und augenblicklich wurde der Nachmittagsfrieden durch fernes Gebell erschüttert. Die obere Hälfte der Haustür war aus Glas, und ich sah, wie sich ein Strom von Hunden um die Ecke eines langen Ganges ergoss und wild kläffend zur Tür raste. Wäre ich nicht an Tiere gewöhnt gewesen, ich hätte kehrtgemacht und Fersengeld gegeben. So aber trat ich behutsam zurück und beobachtete die Hunde, die jetzt hinter der Glasscheibe auftauchten, manchmal zwei zu gleicher Zeit, geifernd mit wilden Sprüngen und wütenden Augen. Nach ein paar Minuten konnte ich sie voneinander unterscheiden und stellte fest, dass ich ihre Anzahl mit vierzehn zu hoch geschätzt hatte. In Wirklichkeit waren es fünf: ein riesiger rehbrauner Windhund, der am häufigsten zu sehen war, da er nicht so hoch wie die anderen zu springen brauchte, ein Cockerspaniel, ein Scotchterrier, ein Whippet und ein winziger, kurzbeiniger Dachshund. Dieser Hund kam selten ins Blickfeld, da die Glasscheibe für ihn ziemlich hoch war, aber wenn ihm ein Sprung gelang, bellte er umso wütender, bevor er verschwand.

Ich wollte gerade ein zweites Mal läuten, als ich eine dicke Frau in dem Gang sah. Sie rief ein einziges Wort, und der Lärm verstummte augenblicklich. Als sie die Tür öffnete, schmiegten sich die gefräßigen Tiere schmeichelnd an sie, zeigten das Weiße ihrer Augen und wedelten mit eingezogenem Schwanz. Ich hatte noch nie ein so serviles Rudel gesehen.

»Guten Tag«, sagte ich mit meinem schönsten Lächeln. »Ich heiße Herriot.«

In der offenen Tür wirkte die Frau noch gewaltiger. Sie mochte um die sechzig sein, aber ihr straff zurückgekämmtes Haar war pechschwarz und hatte kaum graue Strähnen. Sie nickte und sah mich mit grimmigem Wohlwollen an, schien aber auf weitere Informationen zu warten. Offenbar löste der Name bei ihr keinen zündenden Funken aus.

»Mr. Farnon erwartet mich. Er schrieb mir, ich solle heute kommen.«

»Mr. Herriot?«, wiederholte sie nachdenklich. »Sprechstunde ist von sechs bis sieben. Wenn Sie vielleicht einen Hund behandeln lassen wollen, wäre das die beste Zeit.«

»Nein, nein«, sagte ich, noch immer lächelnd. »Ich bewerbe mich um den Posten eines Assistenten. Mr. Farnon hat mich zum Tee eingeladen.«

»Assistent? Ach, das ist schön.« Ihre Gesichtszüge wurden etwas weicher. »Ich bin Mrs. Hall, Mr. Farnons Haushälterin. Er ist Junggeselle, wissen Sie. Er hat mir nichts von Ihnen gesagt, aber das macht nichts, kommen Sie herein und trinken Sie eine Tasse Tee. Er wird bald zurück sein.«

Ich folgte ihr zwischen weißgekalkten Wänden, meine Füße klapperten auf den Fliesen. Wir bogen in einen zweiten Gang ein, und ich überlegte gerade, wie weit sich das Haus wohl nach hinten erstreckte, als ich in ein sonnenhelles Zimmer geführt wurde.

Es war in großzügigem Stil angelegt, mit einer hohen Decke und einem gewaltigen Kamin, der von zwei gewölbten Nischen flankiert wurde. Die eine Seite des Raumes wurde von einem französischen Fenster eingenommen, das auf einen langen Garten mit hohen Mauern hinausging. Ich sah einen ungemähten Rasen, einen Steingarten und viele Obstbäume. Ein großes Beet mit Pfingstrosen leuchtete im Sonnenlicht, und weit hinten krächzten Saatkrähen in den Zweigen hoher Ulmen. Darüber und dahinter waren die grünen Hänge mit ihren Mauern.

Auf einem stark abgenutzten Teppich standen ziemlich

einfache Möbel. Drucke mit Jagdszenen hingen an den Wänden, und überall waren Bücher gestapelt, einige auf Regalen in den Nischen, andere auf dem Boden in den Ecken. Ein Zinnkrug nahm auf dem Kaminsims einen gewichtigen Platz ein. Es war ein interessanter Krug, vollgestopft mit Schecks und Banknoten, die oben herausquollen und zum Teil auf die Feuerstelle geflattert waren. Ich betrachtete erstaunt dieses Stillleben, als Mrs. Hall mit dem Tee hereinkam.

»Ich vermute, Mr. Farnon ist zu einem kranken Tier gerufen worden«, sagte ich.

»Nein, er ist nach Brawton gefahren und besucht seine Mutter. Ich kann nicht genau sagen, wann er zurück sein wird.« Sie ließ mich mit meinem Tee allein.

Die Hunde lagen jetzt friedlich da, sahen mich gelangweilt an und kämpften vergebens gegen den Schlaf an. Bald sanken ihre Köpfe zurück, und tiefe Atemzüge füllten den Raum.

Ich aber war außerstande, mich zu entspannen. Ein Gefühl der Verlassenheit überkam mich. Ich hatte mich auf eine wichtige Unterredung vorbereitet, und nun saß ich da, ohne dass etwas passierte. Seltsam, sehr seltsam. Warum bemühte sich jemand um einen Assistenten, machte einen Termin für ein Treffen aus und ging dann weg, um seine Mutter zu besuchen? Außerdem – falls Farnon mich anstellte, würde ich doch in diesem Haus leben, aber Mrs. Hall war nicht angewiesen worden, ein Zimmer für mich zurechtzumachen. Sie hatte noch nicht einmal von mir gehört.

Meine Grübeleien wurden durch das Läuten der Türglocke unterbrochen. Als hätte ein glühender Draht sie berührt, sprangen die Hunde bellend auf und stürmten hinaus. Ich wünschte, sie hätten ihre Pflicht nicht so ernst genommen. Mrs. Hall war nirgends zu sehen, und daher ging ich zur Haustür, wo sich die Hunde wie wild gebärdeten.

»Ruhig!«, brüllte ich, und der Lärm hörte auf. Die fünf Hunde krochen devot um meine Füße, fast auf den Knien. Der große Windhund erzielte den meisten Effekt, indem er mit einem Grinsen der Entschuldigung seine Zähne entblößte.

Ich öffnete die Tür und sah in ein rundes, besorgtes Gesicht. Sein Besitzer, ein feister Mann in Wellingtonstiefeln, lehnte vertrauensvoll am Geländer der Vortreppe.

»Hallo, ist Mr. Farnon da?«

»Im Moment nicht. Kann ich etwas für Sie tun?«

»Ja, sagen Sie ihm, wenn er zurückkommt, dass Bert Shape von Barrow Hills eine Kuh hat, die ausgepustet werden muss.«

»Ausgepustet?«

»Genau. Sie läuft nur noch auf drei Zylindern.«

»Drei Zylinder?«

»Ja, und wenn wir nichts tun, passiert was mit ihrem Euter, stimmt's?«

»Höchstwahrscheinlich.«

»Wir wollen doch keine Entzündung, nicht wahr?«

»Natürlich nicht.«

»Gut, dann sagen Sie ihm also Bescheid. Tschüs.«

Ich kehrte nachdenklich ins Zimmer zurück. Es war peinlich, aber ich hatte meine erste Krankengeschichte gehört, ohne ein Wort davon zu verstehen.

Kaum hatte ich mich gesetzt, als die Glocke wieder läutete. Vorsichtshalber schrie ich gleich los, sodass die Hunde mitten im Sprung erstarrten; sie verstanden und kehrten verschämt auf ihre Plätze zurück.

Diesmal handelte es sich um einen würdigen Herrn mit einer sehr gerade sitzenden Tuchmütze; ein dicker Wollschal war genau über seinem Adamsapfel geknotet, und eine Tonpfeife ragte aus der exakten Mitte des Mundes. Er nahm die Pfeife in die Hand und sagte mit einem kräftigen unerwarteten Akzent: »Ich heiße Mulligan, und ich möchte, dass Mr. Farnon mir eine Medizin für meinen Hund aufschreibt.«

»Was fehlt denn Ihrem Hund, Mr. Mulligan?«

Er hob fragend die Brauen und legte eine Hand hinter das Ohr.

»Was fehlt ihm?«, schrie ich mit verdoppelter Lautstärke.

Er sah mich einen Augenblick zweifelnd an. »Er bricht, Sir, bricht furchtbar.«

Ich fühlte mich sofort auf sicherem Boden, und mein Gehirn schäumte über von diagnostischen Verfahren. »Wann genau nach dem Essen bricht er?«

Die Hand fuhr wieder zum Ohr. »Was meinen Sie?«

Ich beugte mich weit vor, pumpte meine Lungen voll und brüllte: »Wann bricht er?«

Langsam zündete ein Funke des Verstehens in Mr. Mulligans Augen. Er lächelte freundlich. »O ja, er bricht. Bricht stark.«

Mir fehlte die Kraft zu einem weiteren Versuch, und so sagte ich, er solle später wieder vorsprechen, ich würde alles Nötige veranlassen. Er konnte offensichtlich von den Lippen ablesen, denn er nickte zufrieden und ging weg.

Im Wohnzimmer ließ ich mich in einen Sessel fallen und goss mir eine Tasse Tee ein. Kaum hatte ich einen Schluck getrunken, da läutete es schon wieder. Diesmal genügte ein scharfer Blick, damit die Hunde auf ihren Plätzen blieben. Ich war erleichtert, dass sie so schnell verstanden hatten.

Vor der Haustür stand ein hübsches rothaariges Mädchen. Sie lächelte und zeigte eine Reihe schneeweißer Zähne. »Ich bin Diana Brompton. Mr. Farnon erwartet mich zum Tee.«

Ich schluckte und klammerte mich an den Türgriff. »Er hat *Sie* zum Tee gebeten?«

Das Lächeln gefror. »Ja, so ist es«, bestätigte sie.

»Es tut mir leid, aber Mr. Farnon ist nicht zu Hause. Ich weiß nicht, wann er zurückkommt.«

Das Lächeln verschwand. »Oh«, sagte sie bedeutungsschwer. »Vielleicht darf ich im Haus auf ihn warten.«

»Aber natürlich, bitte sehr. Entschuldigen Sie«, stammelte ich und merkte plötzlich, dass ich sie mit offenem Mund angestarrt hatte. Ich hielt ihr die Tür auf, und sie sauste wortlos an mir vorbei. Zweifellos kannte sie den Weg, denn als ich zu der ersten Ecke kam, war sie schon im Zimmer verschwunden. Ich schlich mich an der Tür vorbei und rannte etwa dreißig Yards weiter bis zu einer riesigen mit Steinplatten ausgelegten Küche. Mrs. Hall pusselte hier herum, und ich stürzte auf sie zu.

»Da ist eine junge Dame, eine Miss Brompton. Sie kommt zum Tee.« Ich musste mich beherrschen, damit ich sie nicht am Ärmel packte.

Mrs. Halls Miene blieb unbewegt. Ich dachte, sie würde

aufgeregt mit den Armen fuchteln, aber sie schien nicht einmal überrascht.

»Gehen Sie rein, unterhalten Sie sich mit ihr, und ich bringe noch ein paar Plätzchen«, sagte sie.

»Zum Teufel, worüber soll ich mich mit ihr unterhalten? Wann kommt denn Mr. Farnon endlich zurück?«

»Ach, schwatzen Sie nur ein bisschen mit ihr. Ich glaube nicht, dass Mr. Farnon noch lange fortbleibt«, erwiderte sie ruhig.

Ich ging langsam zum Wohnzimmer, und als ich die Tür öffnete, wandte sich das Mädchen schnell mit einem bezaubernden Lächeln um. Sie gab sich keinerlei Mühe, ihren Widerwillen zu verbergen, als sie sah, dass es lediglich ich war.

»Mrs. Hall meint, er wird bald zurück sein. Vielleicht trinken Sie inzwischen mit mir eine Tasse Tee.«

Mit einem raschen Blick musterte sie mich von meinem zerzausten Haar bis zu den abgenutzten alten Schuhen. Mir wurde plötzlich klar, wie schmutzig und verschwitzt ich nach der langen Reise war. Dann zuckte sie die Achseln und wandte sich ab. Die Hunde betrachteten sie apathisch. Eine bedrückende Stille senkte sich auf den Raum.

Ich schenkte Tee ein und reichte ihr die Tasse. Sie ignorierte mich und zündete sich eine Zigarette an. Ich räusperte mich und sagte leichthin: »Ich bin übrigens eben erst angekommen. Ich hoffe, dass ich Mr. Farnons neuer Assistent werde.«

Diesmal blickte sie nicht einmal auf, sondern sagte nur: »Ach.« Ihre Einsilbigkeit hatte etwas Drohendes.

Ich versuchte es von neuem. »Ein schönes Fleckchen Erde hier, nicht wahr?«

»Ja.«

»Ich bin noch nie in Yorkshire gewesen, aber was ich heute gesehen habe, gefällt mir gut.«

»So.«

»Kennen Sie Mr. Farnon schon lange?«

»Ja.«

»Herrliches Wetter, nicht wahr?«

»Ja.«

Ich hielt tapfer und zäh etwa fünf Minuten durch, versuchte originell und witzig zu sein, aber schließlich nahm Miss Brompton die Zigarette aus dem Mund und sah mich mit einem langen, leeren Blick an. Da gab ich auf und versank in Schweigen.

Jetzt konnte ich sie nach Belieben betrachten. Sie war interessant. Nie zuvor hatte ich ein lebendes Wesen getroffen, das so offensichtlich einem Gesellschaftsmagazin entsprungen war. Ein Kleid aus kühlem Leinen, eine teuer aussehende Wolljacke, sehr hübsche Beine und prachtvolles rotes Haar, das ihr auf die Schultern fiel. Und so eine Frau saß da und hungerte geradezu nach einem kleinen, fetten deutschen Tierarzt. Dieser Farnon schien das gewisse Etwas zu haben.

Als Miss Brompton schließlich aufsprang, ihre Zigarette wütend in den Kamin schleuderte und das Zimmer verließ, erhob ich mich müde aus meinem Sessel. Mit schmerzendem Kopf schlurfte ich durch das französische Fenster in den Garten. Ich ließ mich in das knietiefe Gras des Rasens fallen und lehnte den Rücken an eine gewaltige Akazie. Wo zum Teufel war Farnon? Erwartete er mich wirklich, oder hatte mir jemand einen schrecklichen Streich gespielt? Plötzlich fror mich: Ich hatte meine letzten paar Pfund ausgegeben, um hierherzukommen, und wenn es sich um einen Irrtum handelte, saß ich in der Patsche.

Ich legte den Kopf gegen die Rinde und schloss die Augen. Im Geist sah ich Herrn Farrenen, und er entsprach genau dem Bild, das ich mir von ihm gemacht hatte. »Was haben Sie gemacht?«, zischte er wütend mit starkem deutschen Akzent. »Sie kommen in mein Haus unter einem Vorwand, Sie beleidigen Fräulein Brompton, Sie trinken meinen Tee, Sie essen meine Plätzchen. Was haben Sie noch vor, wie? Vielleicht stehlen Sie auch noch meine Löffel. Sie reden von Assistentenstelle, aber ich brauche keinen Assistenten. Das Beste, ich rufe die Polizei an.«

Herr Farrenen griff mit seiner plumpen Hand nach dem Telefon. Ich hörte die fette Stimme »hallo, hallo« sagen.

Ich öffnete die Augen. Jemand sagte »hallo«, aber es war nicht Herr Farrenen. Ein großer, dünner Mann lehnte an der Mauer, die Hände in den Taschen. Irgendetwas schien ihn zu amüsieren. Als ich mich mühsam erhob, löste er sich von der Mauer und streckte mir die Hand hin. »Tut mir leid, dass Sie warten mussten. Ich bin Siegfried Farnon.«

Niemand konnte typisch englischer aussehen als er. Langes, humorvolles Gesicht mit stark ausgeprägtem Unterkiefer. Kleiner gestutzter Schnurrbart, wirres sandfarbenes Haar. Er trug eine alte Tweedjacke und eine ausgebeulte Flanellhose. Der Kragen seines karierten Hemds war durchgescheuert, die Krawatte nachlässig gebunden. Anscheinend verbrachte er nicht viel Zeit vor dem Spiegel.

Während ich ihn betrachtete, begann ich mich besser zu fühlen, trotz der Nackenschmerzen, die der Druck gegen den Baumstamm verursacht hatte. Ich schüttelte den Kopf, um wach zu werden, und kleine Grasbüschel fielen aus meinem Haar. »Hier war eine Miss Brompton«, platzte ich heraus. »Sie kam zum Tee. Ich sagte ihr, Sie wären dienstlich unterwegs.«

Farnon sah nachdenklich aus, aber nicht verlegen. Er rieb sich das Kinn. »Hm, ja – na, macht nichts. Aber ich bitte sehr um Entschuldigung, dass ich nicht da war, als Sie ankamen. Mein Gedächtnis ist entsetzlich schlecht; ich hab's einfach vergessen.« Er sah mich mit einem langen, forschenden Blick an, dann grinste er. »Lassen Sie uns hineingehen. Ich möchte Ihnen das Haus zeigen.«

FRANZ KAFKA

Forschungen eines Hundes

Ich erinnere mich an einen Vorfall aus meiner Jugend, ich war damals in einer jener seligen unerklärlichen Aufregungen, wie sie wohl jeder als Kind erlebt, ich war noch ein ganz junger Hund, alles gefiel mir, alles hatte Bezug zu mir, ich glaubte, daß große Dinge um mich vorgehen, deren Anführer ich sei, denen ich meine Stimme leihen müsse, Dinge, die elend am Boden liegen bleiben müßten, wenn ich nicht für sie lief, für sie meinen Körper schwenkte, nun, Phantasien der Kinder, die mit den Jahren sich verflüchtigen. Aber damals waren sie sehr stark, ich war ganz in ihrem Bann, und es geschah dann auch freilich etwas Außerordentliches, was den wilden Erwartungen recht zu geben schien. An sich war es nichts Außerordentlichs, später habe ich solche und noch merkwürdigere Dinge oft genug gesehen, aber damals traf es mich mit dem starken ersten unverwischbaren, für viele folgende richtunggebenden Eindruck. Ich begegnete nämlich einer kleinen Hundegesellschaft, vielmehr ich begegnete ihr nicht, sie kam auf mich zu. Ich war damals lange durch die Finsternis gelaufen, in Vorahnung großer Dinge – eine Vorahnung, die freilich leicht täuschte, denn ich hatte sie immer – war lange durch die Finsternis gelaufen, kreuz und quer, blind und taub für alles, geführt von nichts als dem unbestimmten

Verlangen, machte plötzlich halt in dem Gefühl, hier sei ich am rechten Ort, sah auf und es war überheller Tag, nur ein wenig dunstig, alles voll durcheinander wogender berauschender Gerüche, ich begrüßte den Morgen mit wirren Lauten, da – als hätte ich sie heraufbeschworen – traten aus irgendwelcher Finsternis unter Hervorbringung eines entsetzlichen Lärms, wie ich ihn noch nie gehört hatte, sieben Hunde ans Licht. Hätte ich nicht deutlich gesehen, daß es Hunde waren und daß sie selbst diesen Lärm mitbrachten, trotzdem ich nicht erkennen konnte, wie sie ihn erzeugten – ich wäre sofort weggelaufen, so aber blieb ich. Damals wußte ich noch fast nichts von der nur dem Hundegeschlecht verliehenen schöpferischen Musikalität, sie war meiner sich erst langsam entwickelnden Beobachtungskraft bisher natürlicher Weise entgangen, hatte mich doch die Musik schon seit meiner Säuglingszeit umgeben als ein mir selbstverständliches unentbehrliches Lebenselement, welches von meinem sonstigen Leben zu sondern nichts mich zwang, nur in Andeutungen, dem kindlichen Verstand entsprechend, hatte man mich darauf hinzuweisen versucht, um so überraschender, geradezu niederwerfend waren jene sieben großen Musikkünstler für mich. Sie redeten nicht, sie sangen nicht, sie schwiegen im allgemeinen fast mit einer großen Verbissenheit, aber aus dem leeren Raum zauberten sie die Musik empor. Alles war Musik, das Heben und Niedersetzen ihrer Füße, bestimmte Wendungen des Kopfes, ihr Laufen und ihr Ruhen, die Stellungen, die sie zueinander einnahmen, die reigenmäßigen Verbindungen, die sie miteinander eingingen, indem etwa einer die Vorderpfoten auf des andern Rücken stützte und sie sich dann so ordneten, daß der erste aufrecht die Last aller andern trug, oder indem sie mit ihren nah am Boden hinschleichenden Körpern verschlungene Figuren bildeten und niemals sich irrten; nicht einmal der letzte, der noch ein wenig unsicher war, nicht immer gleich den Anschluß an die andern fand, gewissermaßen im Anschlagen der Melodie manchmal schwankte, aber doch unsicher war nur im Vergleich mit der großartigen Sicherheit der andern und selbst bei viel größerer, ja bei vollkommener Unsicherheit nichts hätte verderben können, wo die andern, große Meister, den Takt unerschütterlich hielten. Aber man sah sie ja kaum, man sah sie ja alle kaum. Sie waren hervorgetreten, man hatte sie innerlich begrüßt als Hunde, sehr beirrt war man zwar von dem Lärm, der sie begleitete, aber es waren doch Hunde, Hunde wie ich und du, man beobachtete sie gewohnheitsmäßig, wie Hunde, denen man auf dem Weg begegnet, man wollte sich ihnen nähern, Grüße tauschen, sie waren auch ganz nah, Hunde, zwar viel älter als ich und nicht von meiner langhaarigen wolligen Art, aber doch auch nicht allzu fremd an Größe und Gestalt, recht vertraut vielmehr, viele von solcher oder ähnlicher Art kannte ich, aber während man noch in solchen Überlegungen befangen war, nahm allmählich die Musik überhand, faßte einen förmlich, zog einen hinweg von diesen wirklichen kleinen Hunden und ganz wider Willen, sich sträubend mit allen Kräften, heulend, als würde einem Schmerz bereitet, durfte man sich mit nichts anderem beschäftigen, als mit der von allen Seiten, von der Höhe, von der Tiefe, von überall her kommenden, den Zuhörer in die Mitte nehmenden, überschüttenden, erdrückenden, über seiner Vernichtung noch in solcher

Nähe, daß es schon Ferne war, kaum hörbar noch Fanfaren blasenden Musik. Und wieder wurde man entlassen, weil man schon zu erschöpft, zu vernichtet, zu schwach war, um noch zu hören, man wurde entlassen und sah die sieben kleinen Hunde ihre Prozessionen führen, ihre Sprünge tun, man wollte sie, so ablehnend sie aussahen, anrufen, um Belehrung bitten, sie fragen, was sie denn hier machten, – ich war ein Kind und glaubte immer und jeden fragen zu dürfen – aber kaum setzte ich an, kaum fühlte ich die gute vertraute hündische Verbindung mit den sieben, war wieder ihre Musik da, machte mich besinnungslos, drehte mich im Kreise herum, als sei ich selbst einer der Musikanten, während ich doch nur ihr Opfer war, warf mich hierhin und dorthin, so sehr ich auch um Gnade bat, und rettete mich schließlich vor ihrer eigenen Gewalt, indem sie mich in ein Gewirr von Hölzern drückte, das in jener Gegend ringsum sich erhob, ohne daß ich es bisher bemerkt hatte, mich jetzt fest umfing, den Kopf mir niederduckte und mir, mochte dort im Freien die Musik noch donnern, die Möglichkeit gab, ein wenig zu verschnaufen. Wahrhaftig, mehr als über die Kunst der sieben Hunde – sie war mir unbegreiflich, aber auch gänzlich unanknüpfbar außerhalb meiner Fähigkeiten – wunderte ich mich über ihren Mut, sich dem, was sie erzeugten, völlig und offen auszusetzen, und über ihre Kraft, es, ohne daß es ihnen das Rückgrat brach, ruhig zu ertragen. Freilich erkannte ich jetzt aus meinem Schlupfloch bei genauerer Beobachtung, daß es nicht so sehr Ruhe, als äußerste Anspannung war, mit der sie arbeiteten, diese scheinbar so sicher bewegten Beine zitterten bei jedem Schritt in unaufhörlicher ängstlicher Zuckung, starr wie in

Verzweiflung sah einer den andern an, und die immer wieder bewältigte Zunge hing doch gleich wieder schlapp aus den Mäulern. Es konnte nicht Angst wegen des Gelingens sein, was sie so erregte; wer solches wagte, solches zustande brachte, der konnte keine Angst mehr haben. – Wovor denn Angst? Wer zwang sie denn zu tun, was sie hier taten? Und ich konnte mich nicht mehr zurückhalten, besonders da sie mir jetzt so unverständlich hilfsbedürftig erschienen, und so rief ich durch allen Lärm meine Fragen laut und fordernd hinaus. Sie aber – unbegreiflich! unbegreiflich! – sie antworteten nicht, taten, als wäre ich nicht da. Hunde, die auf Hundeanruf gar nicht antworten, ein Vergehen gegen die guten Sitten, das dem kleinsten wie dem größten Hunde unter keinen Umständen verziehen wird. Waren es etwa doch nicht Hunde? Aber wie sollten es denn nicht Hunde sein, hörte ich doch jetzt bei genauerem Hinhorchen sogar leise Zurufe, mit denen sie einander befeuerten, auf Schwierigkeiten aufmerksam machten, vor Fehlern warnten, sah ich doch den letzten kleinsten Hund, dem die meisten Zurufe galten, öfters nach mir hinschielen, so als hätte er viel Lust mir zu antworten, bezwänge sich aber, weil es nicht sein dürfe. Aber warum durfte es nicht sein, warum durfte denn das, was unsere Gesetze bedingungslos immer verlangen, diesmal nicht sein? Das empörte sich in mir, fast vergaß ich die Musik. Diese Hunde hier vergingen sich gegen das Gesetz. Mochten es noch so große Zauberer sein, das Gesetz galt auch für sie, das verstand ich Kind schon ganz genau. Und ich merkte von da aus noch mehr. Sie hatten wirklich Grund zu schweigen, vorausgesetzt, daß sie aus Schuldgefühl schwiegen. Denn wie führten sie sich auf, vor lauter Musik hatte ich es bisher nicht bemerkt, sie hatten ja alle Scham von sich geworfen, die elenden taten das gleichzeitig Lächerlichste und Unanständigste, sie gingen aufrecht auf den Hinterbeinen. Pfui Teufel! Sie entblößten sich und trugen ihre Blöße protzig zur Schau: sie taten sich darauf zugute, und wenn sie einmal auf einen Augenblick dem guten Trieb gehorchten und die Vorderbeine senkten, erschraken sie förmlich, als sei es ein Fehler, als sei die Natur ein Fehler, hoben wieder schnell die Beine und ihr Blick schien um Verzeihung dafür zu bitten, daß sie in ihrer Sündhaftigkeit ein wenig hatten innehalten müssen. War die Welt verkehrt? Wo war ich? Was war denn geschehen? Hier durfte ich um meines eigenen Bestandes willen nicht mehr zögern, ich machte mich los aus den umklammernden Hölzern, sprang mit einem Satz hervor und wollte zu den Hunden, ich kleiner Schüler mußte Lehrer sein, mußte ihnen begreiflich machen, was sie taten, mußte sie abhalten vor weiterer Versündigung. »So alte Hunde, so alte Hunde!« wiederholte ich mir immerfort. Aber kaum war ich frei und nur noch zwei, drei Sprünge trennten mich von den Hunden, war es wieder der Lärm, der seine Macht über mich bekam. Vielleicht hätte ich in meinem Eifer sogar ihm, den ich doch nun schon kannte, widerstanden, wenn nicht durch alle seine Fülle, die schrecklich war, aber vielleicht doch zu bekämpfen, ein klarer strenger immer sich gleich bleibender, förmlich aus großer Ferne unverändert ankommender Ton, vielleicht die eigentliche Melodie inmitten des Lärms, geklungen und mich in die Knie gezwungen hätte. Ach, was machten doch diese Hunde für eine betörende Musik. Ich konnte nicht weiter, ich wollte sie nicht mehr belehren, mochten sie weiter die Beine spreizen, Sünden begehen und andere zur Sünde des stillen Zuschauens verlocken, ich war ein so kleiner Hund, wer konnte so Schweres von mir verlangen? Ich machte mich noch kleiner, als ich war, ich winselte, hätten mich danach die Hunde um meine Meinung gefragt, ich hätte ihnen vielleicht recht gegeben. Es dauerte übrigens nicht lange und sie verschwanden mit allem Lärm und allem Licht in der Finsternis, aus der sie gekommen waren.

Wie ich schon sagte: dieser ganze Vorfall enthielt nichts Außergewöhnliches, im Verlauf eines langen Lebens begegnet einem mancherlei, was aus dem Zusammenhang genommen und mit den Augen eines Kindes angesehen noch viel erstaunlicher wäre. Überdies kann man es natürlich – wie der treffende Ausdruck lautet – »verreden«, so wie alles, dann zeigt sich, daß hier sieben Musiker zusammengekommen waren, um in der Stille des Morgens Musik zu machen, daß ein kleiner Hund sich hinverirrt hatte, ein lästiger Zuhörer, den sie durch besonders schreckliche oder erhabene Musik, leider vergeblich, zu vertreiben suchten. Er störte sie durch Fragen, hätten sie, die schon durch die bloße Anwesenheit des Fremdlings genug gestört waren, auch noch auf diese Belästigung eingehen und sie durch Antworten vergrößern sollen? Und wenn auch das Gesetz befiehlt, jedem zu antworten, ist denn ein solcher winziger hergelaufener Hund überhaupt ein nennenswerter Jemand. Und vielleicht verstanden sie ihn gar nicht, er bellte ja doch wohl seine Fragen recht unverständlich. Oder vielleicht verstanden sie ihn wohl und antworteten in Selbstüberwindung, aber er, der Kleine, der Musik-Ungewohnte, konnte die Antwort von der Musik nicht sondern. Und was die Hinterbeine betrifft, vielleicht gingen sie wirklich ausnahmsweise nur auf ihnen, es ist eine Sünde, wohl! Aber sie waren allein, sieben Freunde unter Freunden, im vertraulichen Beisammensein, gewissermaßen in den eigenen vier Wänden, gewissermaßen ganz allein, denn Freunde sind doch keine Öffentlichkeit und wo keine Öffentlichkeit ist, bringt sie auch ein kleiner neugieriger Straßenhund nicht hervor, in diesem Fall aber: ist es hier nicht so, als wäre nichts geschehen? Ganz so ist es nicht, aber nahezu, und die Eltern sollten ihre Kleinen weniger herumlaufen und dafür besser schweigen und das Alter achten lehren.

Ist man so weit, dann ist der Fall erledigt. Freilich was für die Großen erledigt ist, ist es für die Kleinen noch nicht. Ich lief umher, erzählte und fragte, klagte an und forschte und wollte jeden hinziehen zu dem Ort, wo alles geschehen war, und wollte jedem zeigen, wo ich gestanden hatte und wo die sieben gewesen und wo und wie sie getanzt und musiziert hatten, und wäre jemand mit mir gekommen, statt daß mich jeder abgeschüttelt und ausgelacht hätte, ich hätte dann wohl meine Sündlosigkeit geopfert und mich auch auf die Hinterbeine zu stellen versucht, um alles genau zu verdeutlichen. Nun, einem Kinde nimmt man alles übel, verzeiht ihm aber schließlich auch alles. Ich aber habe dieses kindhafte Wesen behalten und bin darüber ein alter Hund geworden. So wie ich damals nicht aufhörte, jenen Vorfall, den ich allerdings heute viel niedriger einschätze, laut zu besprechen, in seine Bestandteile zu zerlegen, an den Anwesenden zu messen ohne Rücksicht auf die Gesellschaft, in der ich mich befand, nur immer mit der Sache beschäftigt, die ich lästig fand genau so wie jeder andere, die ich aber – das war der Unterschied – gerade deshalb restlos durch Untersuchung auflösen wollte, um den Blick endlich wieder freizubekommen für das gewöhnliche, ruhige, glückliche Leben des Tages. Ganz so wie damals habe ich, wenn auch mit weniger kindlichen Mitteln – aber sehr groß ist der Unterschied nicht – in der Folgezeit gearbeitet und halte auch heute nicht weiter.

Mit jenem Konzert aber begann es. Ich klage nicht darüber, es ist mein eingeborenes Wesen, das hier wirkt und das sich gewiß, wenn das Konzert nicht gewesen wäre, eine andere Gelegenheit gesucht hätte, um durchzubrechen. Nur daß es so bald geschah, tat mir früher manchmal leid, es hat mich um einen großen Teil meiner Kindheit gebracht, das glückselige Leben der jungen Hunde, das mancher für sich jahrelang auszudehnen imstande ist, hat für mich nur wenige kurze Monate gedauert. Seis darum. Es gibt wichtigere Dinge als die Kindheit. Und vielleicht winkt mir im Alter, erarbeitet durch ein hartes Leben, mehr kindliches Glück, als ein wirkliches Kind zu ertragen die Kraft hätte, die ich dann aber haben werde.

SVEN REGENER

Der Hund

Der Nachthimmel, der ganz frei von Wolken war, wies in der Ferne, über Ostberlin, schon einen hellen Schimmer auf, als Frank Lehmann, den sie neuerdings nur noch Herr Lehmann nannten, weil sich herumgesprochen hatte, dass er bald dreißig Jahre alt werden würde, quer über den Lausitzer Platz nach Hause ging. Er war müde und abgestumpft, er kam von der Arbeit im Einfall, einer Kneipe in der Wiener Straße, und es war spät geworden. Das war kein guter Abend, dachte Herr Lehmann, als er von der westlichen Seite her den Lausitzer Platz betrat, mit Erwin zu arbeiten macht keinen Spaß, dachte er, Erwin ist ein Idiot, alle Kneipenbesitzer sind Idioten, dachte Herr Lehmann, als er an der großen, den ganzen Platz beherrschenden Kirche vorbeikam. Ich hätte die Schnäpse nicht trinken sollen, dachte Herr Lehmann, Erwin hin, Erwin her, ich hätte sie nicht trinken sollen, dachte er, als sich sein Blick zerstreut in den Maschen der hohen Umzäunung des Bolzplatzes verfing. Er ging nicht schnell, die Beine waren ihm schwer von der Arbeit und vom Alkohol. Das mit dem Schnaps war Quatsch, dachte Herr Lehmann, Tequila und Fernet, morgen früh wird es mir schlecht gehen, dachte er, Arbeiten und Schnapstrinken verträgt sich nicht, alles, was über Bier hinausgeht, ist falsch, dachte er, und gerade ein Typ wie Erwin sollte seine Angestellten nicht noch zum Schnapstrinken überreden, dachte Herr Lehmann. Er kommt sich noch großzügig dabei vor, wenn er die Leute zum Schnapstrinken überredet, dachte Herr Lehmann, dabei tut er das bloß, um selbst einen Vorwand zum Saufen zu haben, aber andererseits, dachte er, ist es auch nicht richtig, die Verantwortung auf Erwin abzuwälzen, am Ende ist man immer selber schuld, wenn man Schnaps trinkt.

Der Mensch ist ein Wesen mit freiem Willen, dachte Herr Lehmann, als er sich der anderen Seite des Lausitzer Platzes näherte, jeder muss selber wissen, was er tut und was nicht, und nur weil Erwin ein Depp ist und einen zum Schnapstrinken überredet, heißt das noch lange nicht, dass Erwin schuld ist, dachte er, aber er dachte auch mit Genugtuung an die Flasche Whisky, die er heimlich hatte mitgehen lassen und die in der großen Innentasche seines langen, für einen Septembertag im Grunde viel zu warmen Mantels steckte. Er selbst hatte zwar keine Verwendung für Whisky, denn er trank ja im Prinzip schon lange keinen Schnaps mehr, aber Erwin musste immer mal wieder bestraft werden, und Herr Lehmann konnte die Flasche zur Not seinem besten Freund Karl schenken.

Dann sah er den Hund. Herr Lehmann, wie sie ihn neuerdings nannten, obwohl die, die das taten, auch nicht viel jünger waren, obwohl tatsächlich einige von ihnen, sein bester Freund Karl und auch Erwin zum Beispiel, sogar älter waren als er, kannte sich mit Hunderassen nicht aus, aber er konnte sich beim besten Willen nicht vorstellen, dass man so ein Tier mit Absicht züchtete. Der Hund hatte einen großen Kopf mit einer mächtigen, sabbernden

Schnauze und zwei großen, lappigen Ohren, die links und rechts davon herunterhingen wie zwei welke Salatblätter. Sein Rumpf war fett, und sein Rücken so breit, dass man darauf eine Flasche Whisky hätte abstellen können, seine Beine waren dagegen unverhältnismäßig dünn, sie ragten aus dem Körper heraus wie abgebrochene Bleistifte. Herr Lehmann, der es nicht übermäßig witzig fand, dass man ihn jetzt so nannte, hatte noch nie ein so hässliches Tier gesehen. Er erschrak und blieb stehen. Er traute Hunden nicht. Und der Hund knurrte ihn an.

Jetzt bloß nichts falsch machen, dachte Herr Lehmann, der andererseits aber auch keinen Sinn darin sah, sich wegen einer albernen Anrede groß aufzuregen, immer fest in die Augen schauen, das schüchtert sie ein, dachte er und konzentrierte seinen Blick auf die beiden schwarzen, blanken Löcher im Schädel seines Gegenübers. Der Hund zog im Rhythmus seines Knurrens die Lefzen hoch und runter und starrte zurück. Sie hatten etwa drei Schritte Abstand voneinander, der Hund bewegte sich nicht, und Herr Lehmann bewegte sich auch nicht. Nicht wegsehen, dachte Herr Lehmann, nichts anmerken lassen, einfach vorbeigehen, dachte er und machte einen Schritt zur Seite. Der Hund knurrte noch lauter, es war ein bösartiges, nervtötendes Geräusch. Bloß nichts anmerken lassen, das Tier spürt die Angst und nutzt sie aus, dachte Herr Lehmann, noch ein kleiner Schritt zur Seite, dachte er, nicht aus den Augen lassen, noch ein kleiner Schritt, und dann noch einer, so, und dann gleich geradeaus, dachte Herr Lehmann. Aber dann ging der Hund einfach auch ein Stück zur Seite, und sie standen sich wieder gegenüber.

Er will mich nicht vorbeilassen, dachte Herr Lehmann, der seinen bald stattfindenden dreißigsten Geburtstag nicht gerade als rauschendes Fest zu feiern gedachte, gerade weil er davon überzeugt war, dass das bloß ein Geburtstag war wie jeder andere auch, und er hatte seine Geburtstage noch nie gerne gefeiert. Das ist doch lächerlich, so etwas darf es gar nicht geben, dachte er, ich habe ihm doch gar nichts getan. Er sah die großen, gelben Zähne, und es schauderte ihn bei der Vorstellung, wie sie von den riesigen Kiefern des Hundes in eines seiner Beine, in einen Arm, in seinen Hals geschlagen wurden, ja sogar um seine Hoden wurde ihm angst und bange. Wer weiß, was das für einer ist, dachte er, vielleicht ist der auf irgendwas abgerichtet, ein Killerhund, ein Hodenbeißer, einer, dachte er, der die Schlagader im Arm trifft, und dann verblutet man hier mitten auf dem Lausitzer Platz, es ist ja niemand da, der Platz ist menschenleer, dachte er, wer soll sich so früh am Sonntagmorgen schon hier herumtreiben, die Kneipen sind ja alle schon geschlossen, es ist ja immer das Einfall, das am allerspätesten zumacht, vom Abfall einmal abgesehen, aber das zählt nicht, dachte er, um diese Zeit treiben sich ja bloß noch Verrückte herum, geisteskranke Berliner mit abgerichteten Killerhunden, Perverse, die sich im Gebüsch einen runterholen, während sie sich ansehen, dachte Herr Lehmann, wie ihre beißwütigen Hunde ihr tödliches Spiel mit mir treiben.

»Wem gehört dieser Hund hier?« rief er über den leeren Platz, »WEM GEHÖRT DIESER VERDAMMTE SCHEISSHUND?« aber niemand meldete sich. Nur der Hund knurrte noch lauter und verdrehte seinen Kopf so, dass die Augen rotglühend schimmerten.

Es ist bloß die Netzhaut, beruhigte sich Herr Lehmann, es ist bloß die blöde Netzhaut, er hat den Kopf verdreht, und jetzt fällt das Licht so in seine Augen, dass es von der Netzhaut in meine Richtung reflektiert wird, dachte er, es ist die Netzhaut, die ist rot, Karotin, Vitamin A und so Zeug, das ist ja bekannt, dass das gut für die Augen ist, dachte er, er hatte daran eine dunkle Erinnerung aus seiner Schulzeit, er war immer gut in Biologie gewesen, aber das war nun auch schon lange her, Biologie, dachte Herr Lehmann, Biologie hilft jetzt auch nicht mehr weiter, ich muss hier weg, und es erfüllte ihn ein nie zuvor gekanntes Verlangen nach seinem Zuhause, einer Eineinhalbzimmerwohnung in der Eisenbahnstraße, wo seine Bücher und sein leeres Bett auf ihn warteten, keine hundert Meter entfernt von der Stelle, an der jetzt ein völlig fremder Hund sein Leben bedrohte.

Wenn er mich nicht vorbeilässt, dachte Herr Lehmann, den sie früher alle ganz normal Frank genannt hatten, bis eben dieser kindische Witz, ihn mit Herr Lehmann anzureden, um sich gegriffen hatte, dann muss ich eben zurückgehen. Und er sah im Geiste schon die Stationen des Umwegs, den er nehmen musste, um die tollwütige Bestie des Lausitzer Platzes weiträumig zu umgehen, Waldemarstraße, Pücklerstraße, Wrangelstraße und dann von der anderen Seite kommend in die Eisenbahnstraße hinein, das ist ein Kinderspiel, dachte er, manchmal ist ein Rückzug besser als ein Angriff, dachte Herr Lehmann, ein taktisch kluger Rückzug kann strategisch zum Sieg führen. Umzudrehen traute er sich dabei nicht, bloß nicht umdrehen, dachte er, immer dem Tier in die Augen sehen, und er machte vorsichtig kleine Schritte rückwärts, und der Hund machte knurrend kleine Schritte vorwärts. Bloß nichts überstürzen, dachte Herr Lehmann, der sich schon sehr auf das Fußbad gefreut hatte, das er sich seit einiger Zeit immer nach der Arbeit gönnte, obwohl er sich in seinem jetzigen Zustand nicht sicher war, ob er das noch hinkriegen würde, bloß nichts überstürzen, dachte er und widerstand der Versuchung, sich einfach umzudrehen und davonzulaufen, das wäre fatal, dachte er, der Hund ist schneller als ich, der springt mich von hinten an, dachte er, und dann kann man sich überhaupt nicht mehr schützen, das ist nicht gut. Nach ein paar weiteren Schritten brach der Hund, der sein Knurren jetzt schon mit einem gelegentlichen Bellen anreicherte, seitlich aus und schlich geduckten Hauptes um ihn herum, sodass Herr Lehmann, um die Bestie nicht aus den Augen zu lassen, sich auf dem Absatz drehen musste, bis sie sich schließlich genau andersherum gegenüberstanden. Dann eben in die andere Richtung, dachte Herr Lehmann, da wollte ich sowieso hin. Er machte wieder einige Schritte zurück, und das ganze Spiel lief umgekehrt noch einmal ab, der Hund lief um ihn herum, Herr Lehmann drehte sich mit, und am Ende standen sie wieder in der Ausgangsposition. Ich muss mit ihm reden, dachte Herr Lehmann.

»Hör mal«, begann er leise mit tiefer und, wie er hoffte, beruhigender Stimme. Der Hund setzte sich. Das ist schon mal gut, dachte Herr Lehmann. »Ich verstehe dich ja«, sagte er, »du hast es auch nicht leicht.« Er griff in die Taschen seines Mantels auf der Suche nach irgendetwas, das er dem Hund schenken konnte, manchmal, dachte er, hilft nur Bestechung, es muss ja nicht gleich etwas zu essen sein, dachte er, vielleicht will er ja bloß spielen, die Besitzer solcher Hunde sagen ja immer, dass sie bloß spielen wollen, vielleicht habe ich für ihn was zum Spielen dabei, aber er fand nichts als seinen Schlüsselbund und die Flasche Whisky, denn er gehörte, wie er jetzt zum ersten Mal bedauerte, nicht zu denen, die sich die Manteltaschen mit allerlei Kram vollstopften und diesen Kram dann vergaßen und jahrelang mit sich herumschleppten. Der Hund wurde etwas nervös, und Herr Lehmann hörte auf zu fummeln. »Du kannst ruhig sitzen bleiben«, sagte er zum Hund, »ich wollte nur gucken, ob ich was für dich habe, du kriegst doch sicher manchmal auch was von deinem Herrchen, vielleicht ist es sogar ein Frauchen, mein Gott, was für Ausdrücke das sind, Herrchen, Frauchen, wer denkt sich so was bloß aus?«

Dem Hund schien es egal zu sein; er ließ die dürren Vorderbeine einknicken, und sein fetter Leib klatschte auf den Asphalt.

»So ist es richtig, leg dich erst mal hin«, sagte Herr Lehmann, dem das Hinlegen in den letzten Jahren selbst zu einer Lieblingsbeschäftigung geworden war, und bewegte sich, während er pausenlos weiterredete, mit ganz kleinen Fußbewegungen wieder zur Seite. »Da bin ich doch der Letzte, der schlafende Hunde weckt«, kalauerte er drauflos, »schlafe, mein Hundchen, schlaf ein und so, ich weiß, wie es ist, wenn man müde ist, ich kenne das, ich hab's nämlich auch nicht leicht, ich bin auch müde, aber du, du armer kleiner Scheißer, bist noch viel müder …« – Stück für Stück bewegte er sich zur Seite, »… das macht einen Hund müde, wenn er herumläuft und die Leute bedroht, weiß der Himmel, wie man als Hund auf so einen Scheiß kommt, so, jetzt bin ich schon fast einen ganzen Meter weiter links als du, und jetzt mach ich mal einen ganz klitzekleinen Schritt nach vorne, und du schläfst jetzt mal schön, nur ein ganz kleiner Schritt nach vorne, und dann noch einer ...« Der Hund schaute sich das eine Zeitlang an, dann sprang er mit einer Kraft und einer Geschwindigkeit auf, die Herr Lehmann bei diesen mageren, ganz kraftlos wirkenden Beinen nicht für möglich gehalten hätte, und knurrte und bellte so aggressiv auf Herrn Lehmann ein, dass dieser vor Schreck richtig wütend wurde.

»SCHEISSE!«, schrie er aus vollem Halse über den leeren Platz. »NIMM DOCH EINER DEN SCHEISSHUND HIER WEG! NIMM DOCH EINER DEN VERDAMMTEN SCHEISSHUND HIER WEG, HIMMEL, ARSCH UND ZWIRN NOCH MAL! UND HALT'S MAUL!«, brüllte er den Hund an, der daraufhin tatsächlich verstummte.

Herr Lehmann beruhigte sich wieder. Ich muss mich zusammenreißen, dachte er, ich darf jetzt nicht die Nerven verlieren. »Da wird man ja aggressiv«, sagte er entschuldigend.

Der Hund setzte sich wieder. Herr Lehmann, dessen Füße von der Arbeit schmerzten, dem die Beine wie Blei und die Knochen am ganzen Körper wie zerschlagen waren, ging selbst kurz in die Hocke, um wenigstens die Beine zu entlasten. Das brachte aber nicht viel, es war auf Dauer eher noch unbequemer. Jetzt ist es auch egal, dachte er, jetzt kann ich mich auch gleich ganz hinsetzen. Er ließ sich nach hinten fallen und kam in einer Art Schneidersitz zur Ruhe. Wenn mich einer sieht, ging es ihm kurz durch den Kopf, dann muss der mich ja für den letzten Penner halten. Der Asphalt unter seinem Hintern war kalt, und er fror. Es ist die kälteste Zeit des Tages, dachte er und richtete es so ein, dass er auf dem unteren Ende seines Mantels saß. Um diese Zeit ist es arschkalt, obwohl es tagsüber noch so heiß wird, dachte er, und wie hell es schon geworden ist, das muss ja schon verdammt spät sein, dachte Herr Lehmann. Und ihm fiel auch jetzt erst auf, wie viele Vögel überall waren, sie hockten auf den Bäumen, in den Büschen, auf der hohen Umzäunung des Bolzplatzes, auf den Sitzbänken, die nicht weit von ihm zu einem Halbkreis gruppiert herumstanden und auf denen tagsüber immer einige Penner oder alte Leute oder beides saßen, sie fliegen ja gar nicht herum, wunderte sich Herr Lehmann, sie sitzen bloß da und machen Lärm, und wie sie Lärm machen, dachte er. Es gibt doch eine Menge Tiere in der Stadt, dachte Herr Lehmann, als er auch noch zwei dunkle Schatten, Kaninchen wahrscheinlich, über die Wiese bei der Kirche huschen sah.

»Warum jagst du eigentlich keine Kaninchen?«, fragte er den Hund, der sich ganz auf dem Asphalt ausgestreckt und den Kopf zwischen die Vorderpfoten gelegt hatte. Herr Lehmann entsann sich der auf nicht ganz astreine Art erworbenen Flasche Whisky, zog sie aus dem Mantel, schraubte sie auf und nahm einen kräftigen Schluck gegen die Kälte.

»Jetzt ist das auch egal«, erklärte er dem Hund. »Du bist wahrscheinlich zu blöd oder zu langsam für Kaninchen, mit deinen komischen Beinen.«

Der Whisky schmeckte furchtbar, wie Schnaps überhaupt, für Herrn Lehmann machten da die Feinheiten keine

Unterschiede, aber er brachte etwas innere Wärme und verscheuchte noch einmal die Kopfschmerzen, die bei ihm, als Vorgeschmack auf den Kater des nächsten Tages, bereits eingesetzt hatten.

»Du siehst ja vielleicht aus«, sagte Herr Lehmann, der sich in letzter Zeit immer öfter dabei ertappte, dass er mit einer gewissen Wehmut und ohne die früher übliche innere Abwehr an seine Kindheit zurückdachte, zum Hund, »wie diese Tiere, die man als Kind aus Kastanien gemacht hat, wo man so Streichhölzer in die Kastanien steckt, als Beine und so. Wenn ich einfach weglaufen würde, wer weiß, ob du mich überhaupt kriegen würdest, mit den Beinen.«

Herr Lehmann nahm noch einen Schluck, der Hund tat gar nichts. »Bin selber nicht sehr schnell«, sagte er, bloß um irgendetwas zu sagen. »Wie heißt du eigentlich?«

Er stellte die Flasche neben sich, zog die Beine an den Körper und legte die Arme darum. Der Hund blinzelte ihn friedlich an.

»Vielleicht sollten wir mal feststellen, wie du heißt«, sagte Herr Lehmann, der das für eine gute Idee hielt. Ich muss bloß wissen, wie er heißt, dachte er, dann hört er mit dem Scheiß auf, dann wird er friedlich, mit seinem Namen ist er vertraut, er hat ja ein Halsband, also hat er ein Herrchen, also hat er einen Namen, ich brauche bloß seinen Namen zu sagen, dann fühlt er sich heimisch, dann ist Autorität da, dachte Herr Lehmann. »Bello«, schlug er vor. Der Hund rührte sich nicht. »Hasso?« Nichts.

Dann hörte Herr Lehmann Schritte. Sie kamen von hinten. Er blickte sich um und sah eine Frau näherkommen, eine dicke Frau mit weiten Kleidern und einem Kopftuch.

Eine Frau, dachte Herr Lehmann, vielleicht kann sie mich ablösen. Aber obwohl er sich jetzt, wo ihn jemand sah, etwas komisch dabei vorkam, wie er auf dem Asphalt saß, mit einer Flasche Whisky neben sich, stand er nicht auf, er war viel zu müde und wollte den Hund nicht reizen. Er verrenkte sich den Hals und sah der Frau entgegen, die, wohl weil sie ihn und den Hund erblickt hatte, ihren Schritt beschleunigte und ganz auf die andere Seite des Weges wechselte.

»Entschuldigen Sie«, begann Herr Lehmann, als sie auf seiner Höhe war, aber die Frau sah nicht zu ihm hin, sie blickte starr nach vorne und legte noch einen Zahn zu, als er das Wort an sie richtete. Der Hund sah zur anderen Seite und ließ sich nichts anmerken. »Warten Sie doch mal«, rief Herr Lehmann verzweifelt, »ich habe hier nämlich ein Problem, das ist nämlich …« – die Frau, so dick sie auch war, fing an zu rennen und war verschwunden, bevor er den Satz zu Ende bringen konnte. Der Hund knurrte zufrieden.

»Scheißblöde Kuh«, sagte Herr Lehmann und wandte sich dann wieder an den Hund. »Harro?« Auch dieser Name bewirkte nichts. »Bello, Rüdiger, Fiffi – nein, wie ein Fiffi siehst du eigentlich nicht aus – Kuddel, Saftsack – wie gehen denn jetzt diese Hundenamen noch mal – Otsche?« Otsche, so hatte der Hund einer lange verstorbenen Großtante von ihm geheißen, es war ein kleiner Langhaardackel gewesen, den am Ende ein Lieferwagen überfahren hatte, Herr Lehmann hatte ihn damals, als er noch ein Kind war, aus tiefstem Herzen gehasst. »Wastl, Hansi, Lassie, Wauwau, Watschei, Spinnebein …« Der Hund zeigte kein Interesse. »Watzmann, Bootsmann, Boxi, Boskop …«

Herr Lehmann verlor die Lust an diesem Spiel. Das ist ja alles Unsinn, dachte er, ich bin ja betrunken. Er nahm noch einen Schluck von dem Whisky und schüttelte sich.

»Du musst wissen«, sagte er dann, »dass ich Hunde schon immer gehasst habe. Schon als kleines Kind. Und das ist lange her. Hunde gehören nicht in die Stadt, ich hab immer Angst gehabt vor Hunden. Hallo! Hallo, Polizei!«, rief er schwach, als er einen Polizeiwagen den Platz entlangfahren sah. Er hob eine Hand und winkte, aber der Wagen fuhr vorbei, ohne dass man ihn bemerkte.

»Da kannst du aber froh sein«, belehrte er den Hund, »die hätten dich erschossen, aber ruckzuck. Noch denkst du, dass du im Vorteil bist, aber das kannst du vergessen. Strategisch bist du im Nachteil. Der Mensch ist dem Tier überlegen. Wenn du ein Wolf wärst und ich irgendein Bauerndepp, der durch den Wald latscht, dann hättest du vielleicht eine Chance. Aber wir sind hier in der Stadt. Es werden Leute kommen und mir helfen. Und dich wird man einsperren. Außerdem ist der Mensch im Gegensatz zum Tier in der Lage, Werkzeuge zu benutzen, Werkzeuge, du Scheißtyp, denk mal drüber nach. Das ist der entscheidende Unterschied, Werkzeuge, damit fing alles an. Zum Beispiel diese Flasche hier!« Er hob die Flasche, und der Hund knurrte. »Ich könnte dir diese Flasche auf den Kopf hauen, da sähst du aber alt aus. Das ist zwölf Jahre alter Whisky. Irischer Whisky. Kostet im Einkauf über 40 Mark oder so, was weiß ich denn, 2 cl kosten bei Erwin sechs Mark, das musst du dir mal reintun, obwohl, so genau messen wir das auch nicht ab.« Wenn man Schnaps trinkt, dachte Herr Lehmann, dann redet man immer zu viel. Und zu viel Unsinn. Und mit Hunden, dachte er, das ist das Schlimmste von allem.

Er goss, nur um einmal etwas Anderes zu tun, die Verschlusskappe voll und hatte sie schon an den Mund gesetzt, als er den interessierten Blick des Tieres bemerkte. Zum Test hielt er die gefüllte Kappe erst nach links, dann nach rechts, und der Hund folgte ihr mit den Augen, sein Maul stand offen, die Zunge hing heraus, und er hechelte aufgeregt.

»Aha!«, sagte Herr Lehmann. »Verstehe«, sagte er, »dann pass mal auf!«

Er beugte sich vor und warf die gefüllte Kappe so nach vorn, dass sie zwischen den Vorderpfoten des Hundes landete und der Schnaps sich in einer kleinen Lache dazwischen ausbreitete. Der Hund roch daran, rückte seinen unförmigen Leib zurecht und begann, die Flüssigkeit aufzulecken.

»Kannst noch mehr haben«, sagte Herr Lehmann, und er überschwemmte den Gehweg, der aufgrund einer glücklichen Fügung zum Hund hin etwas abfiel, mit Schnaps. »Scheinst ja dran gewöhnt zu sein«, sagte er, als er sah, wie gierig der Hund das kleine Rinnsal aufschlabberte, das ihm entgegenfloß. »Gehörst wahrscheinlich irgendeinem Penner«, sagte Herr Lehmann und nahm auch gleich selbst noch einen schönen Schluck. Gleiche Chancen für alle, dachte er, sonst ist das unfair. Der Hund schaute ihn kurz mit glasigen Augen an und leckte dann weiter.

»Du bist gleich so was von k. o., das schwör ich dir aber. Buh!« Herr Lehrmann stieß die Flasche zum Hund hin durch die Luft, aber der reagierte gar nicht. Er leckte weiter, bis nichts mehr da war, und versuchte dann, auf die Beine zu kommen.

»Gar nicht mehr so einfach, was?« Herr Lehmann nahm einen letzten Schluck, spritzte aus purem Übermut noch etwas von dem Whisky über den Hund und stand dann selber mit wackligen Beinen auf. Der Hund machte einen kleinen Gehversuch und zog unsicher die Lefzen hoch, als Herr Lehmann ihn ganz sacht mit dem Fuß unterm Kinn berührte. Er gurgelte etwas, das wohl ein Knurren sein sollte.

»Aus dem Weg, Schurke!«, rief Lehmann großartig und schob ihn mit dem Fuß so gut es ging beiseite. Der Hund versuchte den Fuß zu erschnappen, aber das klappte nicht mehr. Er war zu langsam. Lehmann trat ihn um.

»Komm doch her! Komm doch, wenn du was willst, du fette Wurst!« Der Hund rappelte sich hoch, stellte sich quer und lehnte sich an Herrn Lehmanns Beine.

»Weg da, Scheißkerl«, sagte Herr Lehmann, aber jetzt, wo sich das hässliche Tier so vertrauensvoll und haltsuchend an ihn schmiegte, tat es ihm ein bisschen leid. Er trat ein wenig zurück, und der Hund kippte langsam nach, bis sein schwerer Körper auf Herrn Lehmanns Füßen lag. Herr Lehmann kam aus dem Gleichgewicht, ruderte mit den Armen und fiel über den Körper des Hundes hinweg auf den Boden, wobei er nur mühsam verhindern konnte, dass die Flasche zerbrach.

»Was machen Sie denn da?«

Herr Lehmann schaute hoch und sah über sich zwei Polizisten. Er hatte sie gar nicht kommen hören.

»Musste mir den Hund vom Leibe halten«, sagte er.

»Wenn man einen braucht, ist ja keiner da. Von euch, meine ich. Nicht den Hund. Hab schon alles erledigt. Alles im Griff, Leute, ehrlich.«

»Der ist total besoffen«, sagte der eine Polizist, der etwa Herrn Lehmanns Alter hatte.

»Nun stehen Sie mal auf«, sagte der andere, der um einiges älter war.

»Ist nicht so einfach«, sagte Herr Lehmann, »der scheiß Hund, Sie sehen ja selbst, das sehen Sie doch.« Er stützte sich auf Arme und Beine, aber der Hund, der sich unter ihm wälzte, und die Flasche, die er noch immer in der Hand hielt, machten es ihm schwer. Der jüngere Polizist nahm ihm die Flasche aus der Hand und zog ihn, unangemessen grob, wie Herr Lehmann fand, in die Höhe.

»Ist das Ihr Hund?« fragte der andere streng.

»Nein, scheiß Hund!« Leicht schwankend stand Herr Lehmann vor ihnen und versuchte, die Flasche zu erhaschen, aber die Polizisten ließen es nicht zu. »Hat mich bedroht, der scheiß Hund. Konnte nicht nach Hause.«

Die Polizisten sahen beide zum Hund, der gar nicht mehr gefährlich aussah und bloß hechelnd und mit heraushängender Zunge ins Nichts starrte. Der jüngere von ihnen ging in die Hocke und streichelte das Tier über den Kopf. Der Hund versuchte aufzustehen, aber das gelang ihm nicht mehr.

»Der ist ja besoffen«, sagte der hockende Polizist.

»Das ist Tierquälerei, das gibt eine Anzeige, das ist strafbar«, sagte der andere.

»Wegen Tierquälerei.«

Sie wiederholen sich, dachte Herr Lehmann, das tun so

Leute immer, sie sagen immer und immer wieder dieselben Worte.

»Das arme Tier, Sie haben dem ja Alkohol eingeflößt, das ist Tierquälerei. Sie sollten sich was schämen. So ein wehrloses Tier!«

»Wehrlos? Ha!«, empörte sich Herr Lehmann. »Das war Notwehr, ich hatte keine Wahl und so.« Er war viel zu müde, um das genauer zu erklären. »Das war Notwehr. Ging nicht anders. Punkt«, sagte er. »Ganz klare Sache. Kein Thema.«

Die Polizisten glaubten ihm nicht. Sie wollten seinen Ausweis sehen und nahmen seine Personalien auf.

»So, Herr Lehmann!«, sagte der ältere von beiden, als er ihm seinen Ausweis zurückgab. »Sie hören von uns. Und jetzt machen Sie, dass Sie nach Hause kommen. Den Hund nehmen wir mit, den sehen Sie nie wieder. Tierquälerei ist das, ich habe selbst einen Hund, eine Schande ist das.«

»Hoffentlich«, sagte Herr Lehmann.

»Hoffentlich was?«

»Seh ich den nie wieder.«

»Hauen Sie ab, aber ganz schnell, bevor ich mich vergesse!«

Herr Lehmann ging müden Schritts davon. Am Eingang der Eisenbahnstraße schaute er sich noch einmal um und sah, wie die beiden Polizisten das fette Tier zu ihrem Wagen schleppten.

»Armer Kerl«, hörte er den einen sagen. Dann erwachte der Hund aus seiner Lethargie und biss zu. Herr Lehmann ging schnell weiter und lachte erst, als er um die Ecke war.

CEES NOOTEBOOM

Der Hund des amerikanischen Doktors

Meine erste Provence war eine geschriebene. Das ist ganz buchstäblich zu verstehen: Ich habe über die Provence gelesen und geschrieben, bevor ich einen Fuß dorthin gesetzt habe. Meine allerersten Reisen führten mich nicht in den Süden, der später zu meiner zweiten Heimat werden sollte, sondern in den Norden, der mir im Grunde immer wesensfremd geblieben ist. Es war im Jahr 1953, die Spuren des Kriegs waren noch längst nicht verschwunden, ich erinnere mich an das Leben als grau, eine Zeit des Wiederaufbaus und rigider, noch aus der Vorkriegszeit überkommener Strukturen, des Provinzialismus, des hierarchischen Denkens in Kirche wie Politik – diese Bomben sollten erst in den sechziger Jahren hochgehen. Der Kalte Krieg war tatsächlich kalt, und diese Kälte hatte sich, unter der ständigen Bedrohung durch die Atombombe, in die Seelen der Menschen gefressen. Entkolonialisierung, halbe Erdteile, die sich von ihrem Mutterland lösten, die letzten bitteren europäischen Kriege in Indochina, Indonesien und Algerien, die ersten Machtkonflikte einer geteilten Welt in Budapest, Berlin, Korea – nein, es waren keine angenehmen Zeiten, als ich, neunzehnjährig, durch die ungeheuren Weiten des Nordens trampte, und dennoch war diese Reise über einen Umweg der Anlaß zur Entdekkung des Südens. Seit jener Zeit weiß ich, daß es nur einen Kompaß gibt, dem man trauen sollte, und der steckt in einem selbst. Wer sich reisend auf die Suche nach dem Unvorhergesehenen begibt, ohne wirklich damit zu rechnen, wird nie ganz enttäuscht. Damit meine ich nicht die großen Ereignisse, eher das Gegenteil, einen Blick, einen Satz, ein Bild, einen Gedanken, der etwas an deinem inneren Räderwerk verschiebt, wodurch später, vielleicht erst viel später, etwas geschieht oder klar wird, das dein Leben für immer prägt. Wo das französische Mädchen geblieben ist, das ich 1953 im hohen Norden traf, weiß ich nicht. Ihr ist mein erstes Buch gewidmet, doch ihre Spur habe ich verloren; und trotzdem, wenn ich, wie erst vor kurzem, an einem herbstlichen Abend durch die provenzalischen Weingärten meines Freundes M. spaziere und in der Ferne den beinahe schwarzen Schatten des Mont Ventoux am Himmel sehe, dann muß ich an sie denken und an das Buch, von dem sie mir erzählte und das die Idee der Provence für immer in meine Seele gebrannt hat. Das sind große Worte, und große Worte passen nicht in kahle Zeiten. Andererseits wüßte ich nicht, wie man mit kleinen Worten über das Land sprechen sollte, das Petrarca von ebendiesem Mont Ventoux aus vor sich liegen sah. Doch ich will die Geschichte der Reihe nach erzählen. Das Buch, von dem das Mädchen sprach, hieß *Le Mas Théotime* und stammte von Henri Bosco. Wie gut mein Französisch damals war, ist mir nicht mehr erinnerlich, wohl aber die eigenartige Verzauberung, die mich gleich bei den ersten Zeilen erfaßte. »En août, dans nos pays, un peu avant le soir, une puissante chaleur embrasse les champs ...« Heute weiß ich, welcher Akzent zu diesen

Worten gehört, eine musikalische Variante des Französischen, die unlösbar mit der Hitze verbunden ist, die hier beschrieben wird. Der Hitze, dem Lavendelduft, der düsteren Form der Zypressen, dem unaufhörlichen Schnarren der Grillen, dem Alter der Olivenbäume, dem blauen, intensiven Schimmer der endlosen Rebenreihen in der Ferne, den vor den Impressionisten keiner so zu malen wagte. Eine solche Hitze hatte ich noch nie erlebt, ich war noch nie so weit im Süden gewesen, und dennoch spürte ich sie. Ich saß in dieser *métairie*, dem Bauernhof, und spürte, wie die Hitze das Haus von allen Seiten umschloß, und wußte, daß einem nichts anderes übrigblieb, als auf den Abend und die erlösende Kühle der Nacht zu warten. *Mas* heißt ein solches Haus in der Provence, und dieses kurze, steinerne Wort drückt genau aus, was es ist: ein Bollwerk gegen die Kälte des Winters und gegen die Hitze des Sommers. Die Handlung des Buchs, eine Liebesgeschichte, ist in mir versickert, geblieben sind die Atmosphäre, der Schreibstil, der Geist der Provence. Dort mußte ich hin, war mir von der ersten Seite an klar. Und weil ich jung war, würde die Welt dort so sein, wie sie in diesem Buch beschrieben war. Die Dorfkneipe mit den Platanen, die Traubenernte, die flimmernden Mittagsstunden, alles. Heute, so viele Jahre später, weiß ich nicht mehr, was ich dazuersonnen habe, ich weiß nur, daß sich das *Bild* der Provence für mich im Kern nie mehr verändert hat. Natürlich gibt es dort mittlerweile Supermärkte und High-Tech-Industrie, und die Landschaft entlang den Straßen in der Gegend von Avignon und Nîmes gleicht mit ihren Reklameschildern eher dem amerikanischen Westen als der Welt der fünfziger

Jahre, aber ich kann noch immer die Orte finden mit dem Donnerstagsmarkt, mit den kirschäugigen Frauen, mit dem Platz, wo die Boulekugeln gegeneinanderklackern und alte Damen sich zum Geplätscher eines Springbrunnens, der natürlich unter Platanen steht, dieselben Geschichten wie damals erzählen.

Einer dieser Orte ist das Dorf, in dem mein Freund M. wohnt, der ein *mas* hat, wie ich es einst in diesem Buch von Henri Bosco beschrieben fand, ein altes provenzalisches Bauernhaus in den Farben der untergehenden Sonne, ein Haus, in das ich regelmäßig und zu allen Jahreszeiten zurückkehre. Es steht allein, ist auf allen Seiten umgeben von Weingärten, in der Ferne liegt der Mont Ventoux, und wenn man ihm den Rücken zuwendet, sieht man, ebenfalls in der Ferne, den kleinen Turm der Dorfkirche. Es ist nicht groß, dieses Dorf, es hat schmale, gewundene, uralte Straßen, an denen Häuser mit mittelalterlichen Kellern und schweren Mauern liegen, die von dem Leben, das dahinter gelebt wird, wenig preisgeben. Durch dieses Dorf schlängelt sich die Straße, die von Carpentras nach Villes-sur-Auzon und Sault führt. Es gibt eine Kneipe, die Le Siècle heißt, ein Postamt, eine Crédit-Agricole-Bank, ein *maison de la presse,* in dem man den *Nice-Matin* und den *Provençal* kaufen kann, ein Maklerbüro, in dem sämtliche verlokkende Häuser der Umgebung aushängen; am Eingang des Dorfs liegt, etwas zurückversetzt, das Rathaus an einem Platz, auf dem manchmal ein Pferdemarkt abgehalten wird, und am anderen Ende führt ein kleiner Weg zu einer Reihe düsterer Sarkophage, die an die Alyscamps in Arles erinnern, denn auch hier haben die Römer ihre Spuren und ihre

Toten hinterlassen. Irgendwo im Hintergrund, als schäme sich das Dorf dessen ein wenig, steht das Schloß des Marquis de Sade, doch der Gedanke an seine einfallsreichen Foltermethoden ist verflogen, es ist nichts weiter als ein verlassener quadratischer Kasten, der auf einen neuen Bewohner ohne Angst vor den Spukgestalten unschuldiger, gequälter Mädchen wartet, die möglicherweise nur auf dem Papier existiert haben. Ein kleines Museum, ein Denkmal für die Gefallenen des Ersten Weltkriegs, junge Franzosen, die nie wissen werden, wie sich ihr Dorf verändert hat und dennoch es selbst blieb. Es ist nicht berühmt, mein Dorf, es steht nicht im Grünen Michelin, hat keine besonderen Attraktionen, es ist, was es ist, ein Dorf in der Provence, eine Ansammlung von Häusern rund um eine Kirche in einer Weingegend; es hat einen Bürgermeister und einen stellvertretenden Bürgermeister, es hat eine Gendarmerie, und es hat einen Hund, der zur Gendarmerie gehört. Und davon handelt diese Geschichte im Grunde, von diesem Hund und von meinem tschechischen Freund aus Amerika, einem Arzt und Arzneimittelerfinder, einem Mann, der bibliophile Bücher herausgibt und, mit einem Labor in Kalifornien und einer Fabrik in Prag, zwischen den Kontinenten hin und her vagabundiert, einem Mann, der einst als junger Offizier im Kofferraum eines Autos aus seinem kommunistischen Vaterland geflohen ist, in Dänemark Medizin studiert hat, Professor in Los Angeles geworden ist, mindestens sechs Sprachen spricht und von Zeit zu Zeit in diesem provenzalischen Dorf einfällt und sich sogleich in einen echten Winzer verwandelt, bis er genauso plötzlich wieder in eine seiner anderen Gestalten schlüpft und in die dazugehörige Welt aufbricht – das Schicksal, wie er selber sagt, des ewigen Exilanten.

Zu Fuß gelangt man vom Dorf aus auf einer schmalen Landstraße in ungefähr zwanzig Minuten zu der Abzweigung, die zu seinem Haus führt, die Stelle ist durch eine quadratische Säule mit einem gußeisernen Kreuz obendrauf bezeichnet, das mein Freund zur großen Freude des alten Bauern, von dem er das Haus gekauft hat, wieder zu Ehren gebracht hat. An diesem Kreuz beginnt die Auffahrt, entlang der er Zypressen gepflanzt hat, die in hundert Jahren lange Schatten über den Sandweg werfen werden. Links und rechts vom Weg die Weinstöcke, im Spätsommer mit schwarzblauen kleinen, festen Trauben, die einen Wein liefern, der einem gerade in die Augen blickt und von diesen anderen, großen Weinen nichts wissen will, die hochmütig durchs Leben stolzieren. Dann sitze ich mit meinem Freund und dem *adjoint-maire*, der sich schon ein Leben lang um diese Felder kümmert, unter dem Maulbeerbaum, und aus Flaschen ohne Etikett schenken wir den blauroten Wein aus, der nie versiegt.

Zu Füßen meines Freundes liegt, stets wachsam, ein Deutscher Schäferhund, der jeder seiner Bewegungen folgt, aufsteht, wenn er aufsteht, als wäre sie (es ist ein Weibchen, wenngleich mir diese Vorstellung immer etwas schwerfällt) durch eine unsichtbare Leine mit ihm verbunden. Ich bin kein Hundemensch, sondern ein Katzenmensch, folglich mußte ich mich erst ein wenig an dieses physische und zugleich mystische Band gewöhnen, aber jetzt akzeptieren wir uns. Ich respektiere ihre merkwürdige Zweisamkeit und wechselseitige Sklaverei, nicht zuletzt, weil ich weiß, wie es dazu gekommen ist. Eines späten Sommernachmittags hatte der *adjoint-maire,* unter ebendiesem Maulbeerbaum, meinem Freund von den immer häufigeren Einbrüchen und von Menschen erzählt, die in den dichten Wäldern des Mont Ventoux spurlos verschwunden waren. Der Chef der örtlichen Polizei, die hier *les gardes champêtres* genannt wird, bestätigte dessen Worte und fügte bedauernd hinzu, der Polizeihund des Corps habe den Geist aufgegeben und die Gemeindekasse erlaube es nicht, einen neuen zu kaufen. M. fragte, was für ein Hund es gewesen sei. Ein Deutscher Schäferhund. Das bescherte ihm unangenehme Assoziationen, zum einen mit einem früheren Einwohner Berchtesgadens, zum anderen mit einem Cousin, der bei einem Fluchtversuch über die tschechische Grenze von solchen Hunden in Stücke gerissen worden war. Außerdem war M. bekannt, daß diese Hunde durch Überzüchtung an Hüftdysplasie leiden. Andererseits gab es, erfuhr er, in Böhmen, das heißt seinem eigenen Land, einen hervorragenden Züchter. Dieser Mann hörte auf den Namen Kaninchen, und die Hunde, die er ausbildete, waren Exemplare von unhündischer Perfektion, woraufhin mein Freund beschloß, einen für das Dorf zu kaufen. Jedes provenzalische Dorf hat seinen exzentrischen Ausländer, der später in die Dorflegende eingeht, da würde »le chien du docteur américain« keine Ausnahme bilden. Doch so einfach war es nicht, denn nachdem M. den Hund gekauft hatte, entstand eine Situation, die offenbar nur Hundepsychiater verstehen können. Was immer mein Freund versuchte, der Hund, Fula genannt, wollte ihn im wahrsten Sinne des Wortes nicht mehr aus den Augen lassen, keine Sekunde, so daß man eher den

Eindruck bekam, der Hund hätte *ihn* gekauft, als umgekehrt. Bei Menschen würden wir dies vielleicht als Liebe bezeichnen. Wie dem auch sei, M. fuhr zurück zu Herrn Kaninchen, um ihn zu fragen, was er mit einem Hund anstellen solle, der mit in die Duschkabine wollte, unter dem Bett schlafen mußte und ihn vor dem Pfeifen des Teekessels beschützen wollte. Meisterzüchter Kaninchen erklärte ihm, daß es sich hier um einen seltenen Fall von hündischer Theologie handele, etwas, das er in seinem langen Hundetrainerdasein selbst erst wenige Male erlebt habe. Seine Erläuterung lief darauf hinaus, daß die Hündin M.s »Chemie« (meinetwegen könnte man hier genausogut »Seele« sagen) aufgenommen und beschlossen habe, in ihm »den Anführer ihres Rudels« zu sehen, eine Situation, an der sich nichts mehr ändern ließe. Wenn er sie allein ließe oder gegen einen anderen Hund eintauschte, würde sie in eine Depression fallen, nicht mehr fressen und wahrscheinlich sterben. Für den Züchter war sie in diesem Zustand nichts mehr wert, und so nahm M. sie wieder nach Frankreich mit, wo der Chef der *gardes champêtres* schon sehnsüchtig wartete. Aber was hat man von einem Hund, der vor Liebeskummer stirbt, anstatt Kokaindealer aufzuspüren? Der Polizeichef warf *einen* Blick in die Hundeaugen und wußte sofort: Diese Hündin durfte und konnte nicht mehr von ihrem Herrn getrennt werden, sie würde, wie dieser, zwischen den Kontinenten hin und her jetten müssen, und das Dorf bliebe weiter ohne Wachhund. Die tragische Situation hielt an, bis Herr Kaninchen aus dem fernen Böhmen anrief und sagte, er habe einen neuen Hund, dieses Mal ein Männchen, das auf den Namen Hir höre, einen Namen, der auf tschechisch wahrscheinlich etwas Furchterregendes bedeutet, denn Hir war kein Männchen, sondern ein ausgewachsener Mann, ein beängstigend aussehender, wolfsähnlicher Rüde, dazu geboren, Verbrecher zu jagen. Und so geschah es. Eine Delegation der Gemeindeverwaltung begab sich mit Freund M. zum Flughafen von Marseille, Hir begrüßte Monsieur le Maire und den *adjoint-maire,* verliebte sich in Fula (mittlerweile haben sie einen Sohn namens Athos) und wurde schon bald zum Schrecken sämtlicher Räuber, Einbrecher und Kokaindealer.

Geschichten machen schnell die Runde in der Provence, schon bald war bekannt, daß der Hund, den Monsieur le docteur américain der Gemeinde geschenkt hatte, eine Heldentat nach der anderen vollbrachte, sein hündisches Foto erschien in der Zeitung, er wurde sogar dekoriert, und das Dorf hatte eine weitere Legende.

Monsieur le docteur américain, der eigentlich noch immer Tscheche ist, wurde inzwischen restlos eingebürgert. Wie ein echter Provenzale schreitet er durch seine Weingärten, gefolgt von seinem Schatten Fula, der Braut von Hir und Mutter von Athos. Und so kann es geschehen, daß wir an einem schönen Sommertag, wenn es nicht zu heiß ist, die Sonne aber schon über die Felder rollt, in einer großen Gesellschaft an der langen Tafel unter dem Maulbeerbaum essen. Der Tisch biegt sich unter all dem, was wir am Morgen auf dem Markt in L'Isle-sur-la-Sorgue gekauft haben, Oliven, nach Thymian und Rosmarin duftende Lammkeule, Ziegenkäse in Asche und Ziegenkäse in Kräutern, Pastis und natürlich Wein, der geradewegs von den Weinstöcken in die Kannen zu fließen scheint. Die Hunde liegen unter dem Tisch und träumen, daß es immer so bleiben wird, und wenn ich dann später den *adjoint-maire* seine Geschichten erzählen höre und den Chef der *gardes champêtres* mit Blaulicht in prachtvollen Schlangenlinien die Auffahrt hinunterfahren sehe, die ganze Familie im Dienstwagen, dann befinde ich mich wieder in der Welt von Giono und Bosco, der Welt des südlichen Lichts, einem mythischen Landstrich, der sich an solchen Tagen als einer der Vorräume zum Paradies präsentiert, und dann weiß ich wieder, warum ich mich vor mehr als fünfzig Jahren, als ich die ersten Seiten von *Le Mas Théotime* las, in meinem kalvinistischen und vom Krieg verdüsterten Norden so sehr nach dieser Welt gesehnt habe.

INGRID NOLL

Der böse Hund

An unsere Mittagskatze hatte ich mich inzwischen gewöhnt, sie fraß sich voll und verließ uns wieder. Es war sogar anzunehmen, dass sie noch andere Gasthäuser besuchte, denn sie wurde im Laufe der Zeit immer fetter. Doch bei meinem Angebot, einen fremden Rüden aufzunehmen, hatte ich mich vielleicht doch übernommen.

Eines Mittwochs spazierte Markus nämlich früher als sonst herein und brachte zum ersten Mal den angekündigten Hund mit. Besagter Heido war allerdings kein niedliches Baby mehr, sondern knurrte mich so bösartig an, dass ich Angst bekam.

»Gar nicht beachten«, schlug der Kapitän vor, der kurz hochschaute und weiter Petersilie hackte.

Meine Mutter scheuerte einen Kochtopf, rümpfte die Nase und schüttelte missbilligend den Kopf.

Markus erklärte, warum er sich nun doch nicht für einen Welpen entschieden, sondern einen Teenager ausgesucht hatte, der bereits stubenrein war. »Einen Hosenschisser und Bettnässer hätte ich euch nicht zumuten können.«

»Ist es also ein Überläufer?«, fragte ich.

»So heißt es nur bei Wildschweinen. Mein Heido kommt

wohl gerade in die Pubertät, da wollen die Rüden gern mal auf den Putz hauen. Manchmal hat er eine große Klappe, aber wir wissen ja: Hunde, die bellen, beißen nicht. Man darf sich bloß nicht tyrannisieren lassen, Halbstarke brauchen eine ganz starke Hand!«

Die anderen Gäste waren noch nicht da, doch ich hatte auch so kurz vor dem Ansturm wenig Zeit, um behutsam mit dem neuen Tischgenossen anzubändeln. Heido saß schnüffelnd neben seinem Herrchen, und ich ahnte, dass eine Fraternisierung wohl nur durch den Inhalt meiner Bratpfanne zustande käme.

In diesem Augenblick trat Regine ein, und das Unglück nahm seinen Lauf. Heido schlug in voller Lautstärke an, fast so, als müsse er einen nächtlichen Einbrecher vertreiben. Meine Freundin lachte den jungen Hund aber einfach aus und baute sich furchtlos vor ihm auf.

»Du kleiner Pimpf, du ungehobelter Flegel, so darf man mit einer gestandenen Lehrerin nicht umgehen«, sagte sie und drohte ihm mit dem Zeigefinger. »Du hast es schließlich mit einer Respektsperson zu tun! Von dir lasse ich mich doch nicht verbellen!« Und sie ließ sich auch keineswegs von seinem bedrohlichen Knurren abschrecken, sondern streckte die Hand aus, um ihn schnuppern zu lassen oder ihn gar zu streicheln.

Blitzschnell hatte der Hund zugeschnappt, Regine schrie auf, Blut tropfte auf den Boden, Markus riss den Hund zurück und herrschte ihn an. Ich sauste zu unseren Vorräten an Aspirin, Brandsalben und Verbandzeug.

»Als Erstes solltest du diese Bestie anbinden!«, brüllte

der Kapitän, denn der Hund schien sich zu schämen und war mit eingezogenem Schwanz unterm Tisch verschwunden. Markus gehorchte und befestigte die Leine an einem Stuhlbein. Unterdessen kümmerte sich meine Mutter um Regines verletzte Hand. Das Heftpflaster blutete leider durch, doch zum Glück betrat jetzt ein Gast die Szene, den wir sonst kaum zur Kenntnis nahmen: die Hautärztin. Am Mittwochnachmittag hatte sie ihre Praxis geschlossen und genoss es dann immer sehr, in Ruhe und netter Gesellschaft essen zu können. Sie erkannte die Situation mit einem Blick.

»Sie hätten einen Druckverband anlegen müssen! Wo ist die Desinfektionslösung?«, fragte sie, doch unsere Spraydose war anscheinend leer. Sie schüttelte den Kopf über die dilettantische Wundversorgung, besah sich den Schaden und stellte fest: »Das muss genäht werden!«

Anstatt Nadel und Faden zu verlangen oder Regine in ihre eigene Praxis zu bringen, presste sie ein Tempotaschentuch auf die Blutung und umwickelte die verletzte Hand mit einer strammen Mullbinde. Dabei meinte sie leicht gönnerhaft: »Mit Hundebissen ist nicht zu spaßen. An eurer Stelle würde ich in die Notaufnahme fahren, dort wird man die Wunde desinfizieren, nähen und vorbeugend ein Antibiotikum verabreichen, sonst könnte es zu einer Infektion kommen. Wie steht es mit dem aktuellen Impfstatus?«

Regine, ausnahmsweise einmal um eine Bemerkung verlegen, war wachsbleich und zitterte; irgendwann war sie zwar gegen Tetanus geimpft worden, aber das lag lange zurück.

Markus hatte offenbar ein schlechtes Gewissen und erbot sich kleinlaut, Regine ins Krankenhaus zu fahren.

»Anscheinend hat man dir den letzten Ladenhüter angedreht, diesen Köter solltest du postwendend zurückgeben«, knurrte der Kapitän.

»Das war bloß eine Abwehrreaktion«, sagte Markus zerknirscht und wollte sich mit der armen Patientin auf den Weg machen. Doch kaum öffnete er die Tür, huschte die Katze herein, und nun ging es erst richtig zur Sache. Offenbar war der Hund von seinem Herrchen nicht besonders straff angebunden worden, denn Heido schoss mitsamt Stuhl aus seiner Ecke hervor und warf dabei drei weitere Stühle um. Die Katze sprang sekundenschnell erst auf den gedeckten Tisch, dann in ein Regal mit Porzellan und Gläsern. Das Kläffen, Fauchen, Maunzen, das Lamento meiner Mutter, das Gebrüll des Kapitäns und das Heulen der heimkehrenden Kinder klang nach Weltuntergang, zudem polterte außer mehreren Gläsern auch meine ererbte, liebste Kakaokanne aus Bunzlauer Keramik zu Boden. Ein Inferno, eine Katastrophe!

Bevor allerdings noch mehr zu Bruch ging, nahte Hilfe in Gestalt von Jens, der selbst im Winter mit gebräunter Haut angeben konnte. Zu meiner Erleichterung erwies er sich als beherzter Retter in der Not, der den tollwütigen Hund am Schlafittchen packte.

»Wo kommt der überhaupt her?«, fragte Jens und ließ sich alles erklären. Kurz entschlossen schleifte er Heido in die Toilette und sperrte ihn ein. Danach half er mir beim Zusammenkehren der Scherben.

»Tand! Tand ist das Gebilde von Menschenhand«, rezitierte die Deutschlehrerin. »Wann gibt es endlich etwas zu essen?«

»Hoffentlich kommt Markus bald zurück und schafft die Töle fort«, sagte der Kapitän. »Dieser Zerberus vertreibt uns noch die gesamte Kundschaft!«

Aus der Toilette hörte man mitleiderregendes Winseln und verzweifeltes Kratzen, und ich konnte Caro nur mühsam davon abhalten, Heido zu befreien und zu trösten.

»Mama!«, quengelte sie. »Im *Struwwelpeter* beißt der Hund den Jungen tief ins Bein, weil der bitterböse Friederich ihn geschlagen und getreten hatte. Vielleicht war auch die Regine böse zu ihm …«

»Regine hat ihm nichts getan«, sagte ich.

Immerhin gelang es Caro, die verängstigte Katze auf den Arm zu nehmen und etwas zu beruhigen.

»Pass bloß auf«, sagte die Frau Doktor. »Katzenbisse sind noch viel gefährlicher!«

Nach und nach kamen jetzt auch die anderen Teilnehmer, der große und der kleine Tisch wurden besiedelt, das Essen aufgetragen, und mein Sohn erzählte allen, die es hören wollten, dass der böse Heido Regine in die Hand gebissen hatte.

»Man sollte diesen Hund nicht gleich in die Wüste schicken«, meinte Jens. »Regine hat sich ungeschickt verhalten, das Tier kannte sie nicht, fühlte sich bedroht und hat aus reinem Selbstschutz zugeschnappt. Angstbeißer kommen bei den besten Stammbäumen vor, man darf so einen Ausrutscher nicht überbewerten. Ich könnte mir denken, dass es im Grunde ein ganz lieber Kerl ist. Nach dem Essen werde ich mal eine Runde mit ihm drehen, um ihn kennenzulernen.«

Die Gäste verließen einer nach dem anderen das Haus, meine Mutter, der Kapitän und die Kinder verzogen sich nach oben, die Katze war tief gekränkt davongelaufen.

Als Markus endlich hereinkam, war seine erste Frage: »Wo ist mein Hund?«

»Jens ist mit ihm unterwegs«, sagte ich. »Wie geht es Regine?«

»So eine oberflächliche Wunde sieht dramatischer aus, als sie tatsächlich ist. Wir mussten leider ein bisschen warten, bis Regine drankam, in der chirurgischen Ambulanz sitzen lauter Leute mit ausgekugelten Schultern oder Arbeitsunfällen. Auf dem Dach der Klinik landete gerade ein Hubschrauber, man konnte ihn zwar hören, aber leider nicht sehen –«

»Wie es Regine geht, habe ich gefragt!«

»Schon besser, der Schreck ließ schnell nach. Sie wurde verarztet – da durfte ich allerdings nicht zuschauen –, dann habe ich sie nach Hause gefahren und ihr einen Tee gekocht. Vielleicht sollte ich ihr später noch etwas zu essen bringen, inzwischen hat sie bestimmt Hunger, ich übrigens auch. Es ist alles halb so schlimm.«

»So leid es mir tut, aber den Hund darfst du in Zukunft nicht mehr mitbringen. Schließlich will niemand beim Mittagessen zerfleischt werden!«

»Ich habe den Heido erst gestern Abend vom Züchter abgeholt, er war bisher noch nie von seinem Rudel getrennt gewesen. Es war wohl ein Fehler, ihn gleich zu euch mitzubringen. Wenn er sich erst mal an mich gewöhnt hat, sehen wir weiter. Glaub mir, Nelly, das wird schon!«

»Du darfst nicht vergessen, dass ich von der Mittagstafel leben muss. Selbst wenn bloß zwei Leute abspringen, ist es für mich ein Desaster!«

In diesem Moment klopfte es an die Tür, Jens kam zurück.

»Mach nicht so ein unglückliches Gesicht!«, sagte er zu Markus. »Dein Wauwau ist bestimmt kein Ungeheuer. Er ist brav und folgsam mit mir Gassi gegangen, hat sein Geschäft erledigt und braucht jetzt einen Napf mit Wasser und ein Leckerli.«

Die beiden Männer lächelten sich über meinen Kopf hinweg verständnisinnig zu und verabschiedeten sich. Vor lauter Ärger gab ich Markus kein Lunchpaket mit. Dann machte ich mich ans Aufräumen.

Erst als die Kinder im Bett lagen und meine Mutter vor dem laufenden Fernseher eingeschlafen war, rief ich Regine an.

»Keine Panik auf der Titanic«, sagte Regine. »Zum Glück ist die Sehne nicht durchtrennt. Allerdings muss ich die Hand ein paar Tage ruhig halten, wie soll man da an die Tafel schreiben und Auto fahren?«

»Tonja hat sofort ihre Hilfe angeboten. Sie könnte dich abholen …«

»Markus wird mich morgen zur Schule fahren. Ich möchte auf keinen Fall wegen einer solchen Lappalie zu Hause bleiben. Übrigens war er rührend besorgt um mich – er wäre sicherlich ein guter Arzt geworden!«

Hmm, dachte ich, unser Samariter ist mal wieder voll im Einsatz. Doch damals ahnte ich die Folgen noch nicht.

Vorerst gab es andere Probleme. Weihnachten hatte ich bisher mit den Kindern immer sehr entspannt gefeiert, meine Mutter hatte jedoch vor, das Fest mit Glanz und Gloria zu begehen.

»Was, du hast noch nie Plätzchen gebacken? Was bist denn du für eine seltsame Hausfrau?«

Ich war verletzt. Sollte das heißen, dass ich weder eine gute Mutter noch eine tüchtige Köchin war?

Leider konnte ich mich nicht zurückhalten und giftete sie an: »Deine weltberühmten Zimtsterne kannst du gern mit Hilfe deines Liebhabers backen, die Küche steht dir jeden Nachmittag zur Verfügung.«

»Der Kapitän ist nicht mein Liebhaber und wird es auch niemals werden. Zum ersten Mal im Leben habe ich einen echten Freund und Kumpel gefunden – bist du etwa eifersüchtig?«

Ich knallte die Tür zu, lief ins Schlafzimmer, warf mich bäuchlings aufs Bett und fing an zu heulen. Irgendwie wuchs mir alles über den Kopf. An jenem Morgen hatte ich eine Notiz in der Zeitung gelesen, die mich schon den ganzen Tag beschäftigte. Die fettgedruckte Schlagzeile lautete:

Zwei tote Dealer im Frankfurter Ostend/Mordfall auf dem Waldparkplatz kurz vor der Aufklärung.

Konkretes konnte man dem knappen Bericht zwar nicht entnehmen, nur dass die Polizei eine brandneue heiße Spur verfolgte. Ich hatte die ganze Angelegenheit zwar vorübergehend verdrängt, auch der Kapitän hatte nie mehr davon gesprochen, aber in meinen Träumen tauchte der tote Matthew nach wie vor auf und entführte meine Kinder in sein Schattenreich.

Es klopfte so zaghaft, dass es kein Polizist sein konnte. Meine Mutter trat ein, setzte sich neben mich auf die Bettkante und strich mir sanft über den Rücken.

»Du machst mir ein bisschen Sorgen«, sagte sie. »Ich bin ja sehr stolz auf dich, dass du es als alleinerziehende Mutter geschafft hast, Geld zu verdienen und dich auch noch vorbildlich um deine Kinder zu kümmern. Aber in letzter Zeit übernimmst du dich ein wenig. Oder geht es dir auf die Nerven, dass ich mit Jochen manchmal das Kommando übernommen habe?«

»Den Kapitän bin ich ja jetzt los«, schluchzte ich. »Du hast ihn gekauft! Zuerst mit den Ferien in Italien und jetzt mit der Kreuzfahrt.«

»Moment mal! Jochen bezahlt seine Reise selbst! Was dachtest du denn? Er ist zwar kein reicher Mann, aber er bekam kürzlich seine Lebensversicherung ausgezahlt. Schon lange war es sein Traum, sich mal als Gast auf einem Schiff bedienen zu lassen, aber ganz allein hatte er keine Lust dazu. Ursprünglich wollte er nämlich gemeinsam mit seiner Frau verreisen.«

Nun konnte ich mich leider nicht mehr beherrschen und fragte schniefend: »Habt ihr eine oder zwei Kabinen gebucht?«

Meine Mutter grinste. »Denkst du wirklich, ich wollte Nacht für Nacht neben einem schnarchenden alten Mann liegen? Ich bin doch nicht lebensmüde! Und tagsüber wird er an den Landausflügen auch nicht teilnehmen können, dafür ist er viel zu lahm und plattfüßig. Aber es wird Spaß machen, gemeinsam zu essen und über die anderen Passagiere zu lästern, denn unser Verhältnis ist rein gastrosexuell. Außerdem gehört er zu den wenigen guten Erzählern, die auch zuhören können. Für meine persönlichen Probleme interessiert sich ja sonst niemand. – Und jetzt werde ich mit den Kindern Plätzchen ausstechen, Jochen ist längst wieder heimgegangen. Der Teig steht bereits fix und fertig im Kühlschrank.«

Natürlich war ich gespannt auf den kommenden Tag: Würde Markus seinen Hund mitbringen oder nicht? Konnte man ein so junges Tier überhaupt den ganzen Tag sich selbst überlassen? Sollte ich bei meinem rigorosen Verbot bleiben oder mir einen halbwegs praktikablen Kompromiss ausdenken? Wenn es hart auf hart kam, konnte mich Markus sogar erpressen, denn er war außer dem Kapitän mein einziger Mitwisser und Komplize.

Es kam alles ganz anders, als ich dachte. Regine und Markus traten gemeinsam in meine Küche, der Hund aber musste draußen im Lieferwagen warten und sollte den Nachmittag nicht bei uns, sondern abwechselnd bei Jens und seinem Opfer verbringen. Ich verstand meine Freundin nicht mehr – da wurde sie von einem fremden Köter angefallen und wollte ihm trotzdem Asyl gewähren.

Sie erklärte es so: »Nach einem Autounfall ist es ein großer Fehler, wenn man vorerst überhaupt nicht mehr fahren mag. Im Gegenteil, man muss sofort wieder ans Steuer, sonst setzt sich die Angst fest und wird chronisch. Markus hat mir erklärt, dass Heido noch ein dummes kleines Mondkalb ist und mit der neuen Situation überfordert war. Schuld war meine Unerfahrenheit, denn ich hätte das warnende Knurren ernst nehmen sollen.«

Und so kam es, dass Markus – der Regine stets bewundert hatte – nun ihr treuer Vasall wurde. Jetzt konnte er seinem unersättlichen Altruismus freien Lauf lassen und fühlte sich außerdem von einer studierten Frau anerkannt und dadurch aufgewertet. Nach Feierabend gingen beide mit Heido spazieren. Leider hatte ich den berechtigten Verdacht, dass aus dieser merkwürdigen Zweckgemeinschaft mehr werden könnte als Freundschaft.

DONNA LEON

Halloween

Nur anderen Amerikanern gegenüber traue ich mich zu sagen, meine Mutter war eine Verrückte. Für sie klingt das nicht nach einer Irren, die durch die Straßen rennt und schreit, der Tag des Jüngsten Gerichts sei nah. Für sie kann auch jemand gemeint sein mit einem ungewöhnlichen Sinn für Humor oder einer Vorliebe fürs Absurde. Genau so ein Mensch war meine Mutter, eine Frau, die es mit Emily Dickinson hielt: »Sag Wahrheit ganz, doch sag sie schräg.«

In meinen frühesten Erinnerungen nimmt sie uns zur Farm ihres Vaters mit und hebt meinen Bruder und mich lachend auf Augenhöhe mit den Kühen oder setzt uns auf eines der riesigen Arbeitspferde, die für uns damals so groß wie Häuser waren. Oder wir stiegen alle miteinander die Leiter zum Heuboden hoch, und sie sprang uns voran auf den Heuwagen hinunter. Regelmäßig erklärte sie dem Schuldirektor, wir müssten in der letzten Stunde eine Tante im Krankenhaus besuchen, hätten einen Termin beim Arzt oder Zahnarzt. In Wirklichkeit fuhren wir zur Farm, wo wir Sal, dem Hufschmied, zusahen, wie er ein Pferd beschlug oder ein Ackergerät flickte. Von ihr haben wir, fürchte ich, den großzügigen Umgang mit der Wahrheit geerbt.

Auch unsere Umtriebigkeit verdanken wir ihr, denn sie

liebte es, Dinge zu TUN, Dinge zu MACHEN: Sie erneuerte das Rohrgeflecht von Stühlen, reparierte Möbel, tapezierte Wände und wechselte Fensterscheiben aus – alles als Autodidakt, und alles Dinge, die ich auch gern gekonnt hätte. Dafür war sie eine hoffnungslos schlechte Köchin, von Nachtisch und Kuchen einmal abgesehen, aber wir waren Kinder und merkten das nicht. Mein Vater, der sich auch nicht so schnell unterkriegen ließ, sah großzügig darüber hinweg und ernährte sich hauptsächlich von Erdnüssen.

Halloween ist ein typisch amerikanischer Feiertag: Die Leute geben sich als etwas aus, das sie nicht sind, und erwarten dafür eine Belohnung. In meiner Kindheit zogen wir notdürftig verkleidet von Haus zu Haus, um Süßigkeiten zu erbetteln. Doch meine Mutter hielt, anders als die meisten Eltern ihrer Generation, wenig davon, dass Kinder, mit alten Laken als Gespenster ausstaffiert, von Tür zu Tür zogen. Auch all die phantasielosen Soldaten, Piloten, Piraten, Krankenschwestern und Polizisten, die bei uns anklopften, waren ihr ein Graus.

Zu unserer Familie gehörte Sooner, eine beigefarbene Promenadenmischung mit glattem Fell, etwa so groß wie ein Irish Terrier, auch wenn unsre Hündin weder irisch noch Terrier war, sondern einfach ein glückliches Tier, das meine Mutter liebte und uns andere tolerierte, vielleicht sogar mochte.

Einmal – ich muss da etwa zehn gewesen sein – fragte meine Mutter uns ein paar Tage vor Halloween, als was wir gehen wollten. Um nicht »Gespenst« zu sagen, schlug ich aufs Geratewohl »Raumfahrer« vor und mein Bruder »Cowboy«. Meine Mutter stöhnte.

Sie zündete sich eine Zigarette an (damals wurde noch geraucht, überall und ständig, und so starb sie denn mit 84 an einer Raucherlunge, zog aber noch mit 82 ihre Bahnen im öffentlichen Schwimmbad). Sie sah zwischen mir und meinem Bruder hin und her, als frage sie sich, wie sie so farblose Geschöpfe in die Welt hatte setzen können.

Da kam Sooner unter dem Sessel meiner Mutter hervor, stellte sich auf die Hinterbeine, legte ihr eine Pfote auf den Schoß und winselte etwas in Hundesprache.

»Was sagst du?«, fragte meine Mutter im Plauderton.

Sooner jaulte.

»Ein Löwe?«, fragte meine Mutter. Sie nahm einen langen Zug, betrachtete die Vorhänge, blies langsam Rauch aus, bedachte uns drei nacheinander mit einem nachdenklichen Blick, drückte die Zigarette aus und sagte: »Warum nicht?«

Von da an kam Sooner an Halloween immer mit, bettelte mit uns und für uns. Wir kassierten die Süßigkeiten, Äpfel und sonstige Leckereien, mussten dafür nicht einmal mehr in irgendeiner unsinnigen Verkleidung herumlaufen.

Das erste Jahr war das Jahr des Löwen. Löwen haben Mähnen; meine Mutter hatte eine unverheiratete Tante, Gertrude, deren elegantestes Kleidungsstück eine Fuchsstola war, die man sich so um den Hals legte, dass Kopf und Schwanz nach vorne zeigten. Um sie von Tante Gert geliehen zu bekommen, erfand meine Mutter die Einladung zu einer Hochzeit, auf der sie damit glänzen wollte.

Tante Gert ließ sich erweichen. Den Rest des Löwenfells stellte Sooner, er war ja beige. Doch Löwen haben Klauen und Pranken. Vier graue Topflappen, gespickt mit den Spitzen von Stricknadeln, lieferten die Tatzen; als Schwanz diente ein Stück Vorhangschnur mit Quaste.

In den Jahren danach gab es ein Zebra, einen Elefanten, für den vier von Küchenkrepp herrührende Papprollen herhielten, und einen wenig überzeugenden Eisbären dank dem weißen Strampelanzug des drei Monate alten Babys einer Kusine. (Das Dumme an vielen Tieren ist, dass sie runde Köpfe haben. Hunde nicht, und sie lassen sich nur ungern etwas über den Kopf ziehen.) So hatte der Eisbär einen länglichen Kopf mit spitzer Schnauze. In Beige.

Beim letzten Mal legte meine Mutter sich besonders ins Zeug und verwandelte Sooner in eine Cheerleaderin. Im Oktober strickte sie ein weißes Football-Trikot mit vier sehr kurzen Ärmeln, Konfektionsgröße im Minusbereich. Auf den Rücken stickte sie in Rot die Nummer 28. Das kurze Röckchen stiftete wieder einmal Tante Gert: einen uralten Lampenschirm aus Seidenbrokat mit Troddeln unten dran und – glücklicher Zufall – genau in der richtigen Größe für Sooners Taille, also einen Körperteil, der in der Hundeanatomie gar nicht vorgesehen ist. Vielleicht spürte Sooner, dass dies das letzte Jahr war, in dem wir uns mit solch kindischen Spielchen abgaben, und ließ sich ausnahmsweise eine Perücke aufsetzen; meine Mutter opferte für die Fabrikation ihre Badekappe, stach unter großem Zeitaufwand zahlreiche Löcher in die Gummihaube und fädelte durch jedes einzelne ein Stück gelber Strickwolle. Zu ihrem beträchtlichen Verdruss gelang es ihr nicht, zwei Paar Turnschuhe zu erfinden. Doch immerhin lief Sooner so leichten Fußes von Haus zu Haus, während wir »Süßes oder Saures« riefen, in der Hoffnung auf Einlass.

Nachweis

Der Verlag dankt folgenden Rechteinhabern für die Genehmigung zum Abdruck:

Paul Auster (*1947, Newark, New Jersey)
Timbuktu. Auszug aus dem gleichnamigen Roman. Copyright © 1999 Paul Auster. Copyright der deutschsprachigen Ausgabe © 1999 Rowohlt Verlag GmbH, Reinbek bei Hamburg. Übersetzung aus dem Amerikanischen von Peter Torberg.

Truman Capote (1924, New Orleans–1984, Los Angeles)
Das hier ist von Jamie. Aus: ders., *Wo die Welt anfängt.* Erzählungen. Copyright © 2015/2017 by Kein & Aber AG Zürich–Berlin. Übersetzung aus dem Amerikanischen von Ulrich Blumenbach.

Anton Čechov (1860, Taganrog–1904, Badenweiler)
Ein Chamäleon. Aus: ders., *Ein unbedeutender Mensch.* Erzählungen 1883–1885. Erschienen als Diogenes Taschenbuch, 1976. Copyright © 1964, 1965, 2008 Aufbau Verlag GmbH & Co. KG, Berlin. Übersetzung aus dem Russischen von Gerhard Dick und Ada Knipper.

John Dolan (1955, Denver)
George, der Hund, der mir das Leben rettete. Auszug aus dem gleichnamigen Roman. Copyright © 2015 C. Bertelsmann Verlag München, in der Verlagsgruppe Random House GmbH. Aus dem Amerikanischen von Karl-Heinz Ebnet.

Yael Hedaya (*1964, Jerusalem)
Liebe pur. Auszug aus dem gleichnamigen Roman. Copyright © 1997 by Yael Hedaya. Copyright der deutschsprachigen Aus-

gabe © 2000, Diogenes Verlag AG Zürich. Aus dem Hebräischen von Ruth Melcer.

André Heller (*1947, Wien)
Als ich ein Hund war. Aus der gleichnamigen Erzählsammlung. Copyright © 2001 Berlin Verlag in der Piper Verlag GmbH, Berlin.

James Herriot (1916, Roker, Sunderland–1995, Thirlby bei Thirsk)
Der Doktor und das liebe Vieh. Auszug aus dem gleichnamigen Roman. Copyright © 1970, 1972, 1973 James Herriot. Copyright der deutschsprachigen Ausgabe © 1974 Rowohlt Verlag GmbH, Reinbek bei Hamburg. Aus dem Englischen von Friedrich A. Kloth.

Franz Kafka (1883, Prag–1924, Kierling bei Wien)
Forschungen eines Hundes. Ausschnitt aus der gleichnamigen Erzählung. Erschienen in: ders., *Beim Bau der Chinesischen Mauer.* Herausgegeben von Max Brod und Hans Joachim Schoeps. Gustav Kiepenheuer, Berlin 1931.

Halldór Laxness (1902, Reykjavík–1998, Reykjalundur bei Mosfellsbær)
Der Dichter und sein Hund. Aus: ders., *Ein Spiegelbild im Wasser.* Erzählungen. Copyright © Steidl Verlag, Göttingen 2011. Aus dem Isländischen von Hubert Seelow.

Donna Leon (*1942, Montclair, New Jersey)
Halloween. Originalbeitrag für diese Anthologie. Copyright © 2019, Diogenes Verlag AG Zürich. Aus dem Amerikanischen von Werner Schmitz.

Hugo Loetscher (1929, Zürich–2009, ebd.)
Der Windhund beim Rennen. Aus: ders., *Die Fliege und die Suppe: Und 33 andere Tiere in 33 anderen Situationen.* Copyright © 1989, 1997, Diogenes Verlag AG Zürich.

Sy Montgomery (*1958, Frankfurt am Main)
Tess. Aus: dies., *Einfach Mensch sein.* Copyright © 2018 by Sy Montgomery. Copyright der deutschsprachigen Ausgabe © 2019, Diogenes Verlag AG Zürich. Aus dem Amerikanischen von Heide Sommer.

Sławomir Mrożek (1930, Borzęcin–2013, Nizza)
Der Hund. Aus: ders., *Der Doppelgänger und andere Geschich-*

ten. Copyright © 2000, Diogenes Verlag AG Zürich. Aus dem Polnischen von Christa Vogel und Ludwig Zimmerer.

Patrice Nganang (*1970, Yaoundé)

Hundezeiten. Auszug aus dem gleichnamigen Roman. Copyright © Peter Hammer Verlag, Wuppertal 2003. Aus dem Französischen von Gudrun und Otto Honke.

Ingrid Noll (*1935, Shanghai)

Der böse Hund. Aus: dies., *Der Mittagstisch*. Copyright © 2015, Diogenes Verlag AG Zürich.

Cees Nooteboom (*1933, Den Haag)

Der Hund des amerikanischen Doktors. Aus: ders., *Roter Regen. Leichte Geschichten*. Copyright © Suhrkamp Verlag Frankfurt am Main 2007. Aus dem Niederländischen von Helga van Beuningen.

Horst Pillau (*1932, Wien)

Hund mit Scheck. Aus: ders., *Luft gibt's überall–aber atmen kannste nur hier*. Neue Berliner Geschichten. Copyright © 2011 Hendrik Bäßler Verlag, Berlin.

Anna Quindlen (*1953, Philadelphia)

Der Hund kommt–und geht auch wieder. Auszug aus: dies., *Ein Jahr auf dem Land*. Copyright © 2015 DVA Deutsche Verlagsanstalt, München, in der Verlagsgruppe Random House GmbH. Aus dem Amerikanischen von Tanja Handels.

Sven Regener (*1961, Bremen)

Der Hund. Auszug aus: ders., *Herr Lehmann*. Zuerst erschienen im Eichborn Verlag, Frankfurt, 2001. Eichborn–Ein Imprint der Bastei Lübbe AG. Copyright © by Bastei Lübbe AG, Köln, 2011.

Martin Walker (*1947, Schottland)

Balzac (Titel von der Herausgeberin). Auszug aus: ders., *Femme fatale. Der fünfte Fall für Bruno, Chef de police*. Copyright © 2012 by Walker & Watson, Ltd. Copyright der deutschsprachigen Ausgabe © 2013, Diogenes Verlag AG Zürich. Aus dem Englischen von Michael Windgassen.

Evelyn Waugh (1903, West Hampstead–1966, Combe Florey)

Auf Posten. Aus: ders., *Ausflug ins wirkliche Leben: Und andere Meistererzählungen*. Originaltitel der Erzählung: *On Guard.*